JIANZHU SHIGONGTU
SHIDU JIQIAO YU YAOJUE

建筑施工图识读技巧与要诀

冯红卫◎主编　王玉萍◎副主编

化学工业出版社
·北京·

本书主要讲述建筑施工图的形成、建筑详图、建筑识图方法及技巧等。

本书参考最新国家制图标准，内容叙述简明扼要，图文并茂，通俗易懂，重点突出，与实际结合性强。每节后都附有总结性要诀，容易记忆，可帮助加深理解。

本书可供工程技术人员、监理人员、管理人员、施工人员参考。

图书在版编目（CIP）数据

建筑施工图识读技巧与要诀/冯红卫主编. —北京：化学工业出版社，2011.2（2016.3 重印）

ISBN 978-7-122-09932-7

Ⅰ. 建… Ⅱ. 冯… Ⅲ. 建筑制图-识图法 Ⅳ. TU204

中国版本图书馆 CIP 数据核字（2010）第 224748 号

责任编辑：王　斌　　　　文字编辑：张燕文

责任校对：宋　夏　　　　装帧设计：周　遥

出版发行：化学工业出版社（北京市东城区青年湖南街 13 号　邮政编码 100011）

印　　装：北京虎彩文化传播有限公司

720mm×1000mm　1/16　印张 9¼　字数 179 千字　2016 年 3 月北京第 1 版第 9 次印刷

购书咨询：010-64518888　　　　售后服务：010-64518899

网　　址：http://www.cip.com.cn

凡购买本书，如有缺损质量问题，本社销售中心负责调换。

定　　价：29.00 元

前　言

随着我国经济的飞速发展，土木工程建设规模将继续扩大，土木工程的从业人员也将日益增加。对施工人员来说，快速、准确地识读建筑施工图是一项很重要的基本工作，也是提高自身技术水平的必由之路。为此我们编写本书，希望对工程技术人员、监理人员、管理人员、施工人员有一定帮助。

本书的内容包括第一章建筑施工图基础知识；第二章建筑施工图的组成；第三章建筑详图；第四章建筑识图方法及技巧；第五章建筑工程常用指标、术语及标准。

本书参考最新国家制图标准，内容叙述简明扼要，图文并茂，通俗易懂，重点突出，与实际结合性强。每节后都附有总结性要诀，容易记忆，可帮助加深理解。

本书由新乡学院冯红卫主编，王玉萍任副主编，参加编写的还有孔军、李小方、王雅、张云丹、王惊、高春其、张月峰、崔胜昔、贾小云、巩东丽、尹建华、等。

由于作者水平所限，难免有不足之处，望广大读者批评指正。

前言

目　录

第一章　建筑施工图基础知识

第一节　建筑的分类、等级划分及构造

一、建筑的分类

建筑物分类的方法有很多，一般可按照以下几种情况进行分类。

（1）按使用功能分类　按使用功能的不同可分为民用建筑、工业建筑、园林建筑和其他建筑（含构筑物）四类。

民用建筑是指供人们工作、学习、生活、居住用的建筑物，包括居住建筑和公共建筑。居住建筑是供人们生活起居用的建筑物，包括住宅、公寓、宿舍等。公共建筑按其性质的不同又可分为文教建筑、托幼建筑、医疗卫生建筑、观演性建筑、体育建筑、展览建筑、旅馆建筑、商业建筑、电信广播建筑、交通建筑、行政办公建筑、金融建筑、饮食建筑、纪念建筑以及同时具备上述两个或两个以上的功能的综合性建筑等。

工业建筑是指为工业生产服务的生产车间和为生产服务的辅助车间、动力用房、仓储等建筑物。

（2）按建筑规模和数量分类　按建筑规模和数量的不同可分为大量性建筑和大型性建筑。

大量性建筑是指建筑规模不大，但修建的数量较多、相似性大，同时与人们生活关系密切的分布面广的建筑物，如住宅、中小学教学楼、医院、中小型影剧院、中小型工厂等，广泛分布在大中小城市及村镇。

大型性建筑是指建筑数量少，单体面积大，个性强的建筑物，如鸟巢大型体育馆、大型剧院、航空港、博览馆、大型工厂等。这类建筑修建的数量是很有限的，它在一个地区甚至一个国家都是具有代表性的，同时对城市面貌的影响也很大。

（3）按层数或高度分类　住宅按照层数分类：低层住宅，层数为1～3层；多层住宅，层数为4～6层；中高层住宅，层数为7～9层；高层住宅，层数为10层及以上。

其他民用建筑按建筑高度分类如下（建筑高度是指自室外设计地面至建筑主体檐口顶部的垂直高度）。

普通建筑：建筑高度不超过24m的民用建筑和建筑高度超过24m的单层民用建筑。

高层建筑：建筑高度超过24m的公共建筑和综合性建筑（不包括高度超过

24m 的单层主体建筑)。

超高层建筑：建筑高度超过 100m 的民用建筑。

(4) 按承重结构的材料分类　按承重结构的材料可分为砖木结构建筑、砖-钢筋混凝土结构建筑、钢-钢筋混凝土结构建筑、钢结构建筑和其他建筑。

砖木结构建筑是指以木材、砖为房屋承重骨架的建筑，一般适用于单层建筑及村镇住宅。

砖-钢筋混凝土结构（即砖混结构）建筑是指以砖、钢筋混凝土材料为建筑的主要承重构件，多属于骨架承重结构体系的建筑。它具有坚固耐久、防火和可塑性强等优点，应用较为广泛，一般用于6层左右的民用建筑和中小型工业建筑。

钢-钢筋混凝土结构建筑一般适用于大跨度建筑和大型公共建筑。

钢结构建筑是指主要承重构件全部使用钢材的建筑。它具有力学性能好、便于制作和安装、工期短、结构自重轻等优点，适宜在超高层、大型公共建筑、工业建筑和大跨度建筑中采用。

二、民用建筑的等级划分

民用建筑的等级一般按建筑物的使用年限和防火性能来划分。

① 根据建筑主体结构的正常使用年限，建筑物耐久等级可分为一至四级，见表 1-1。

表 1-1　建筑物耐久等级

耐久等级	耐久年限	适用范围
一级	100 年以上	适用于重要的建筑和高层建筑，如纪念馆、博物馆、国家会堂等
二级	50～100 年	适用于一般性建筑，如城市火车站、宾馆、大型体育馆、大剧院等
三级	25～50 年	适用于次要的建筑，如文教、交通、居住建筑及厂房等
四级	15 年以下	适用于简易建筑和临时性建筑

② 根据建筑材料和构件的燃烧性能及其耐火年限，建筑物的耐火等级可分为一至四级。

耐火等级高的建筑，火灾时烧坏、倒塌的很少，损失小；而耐火等级低的建筑，火灾时不耐火、燃烧快，损失也大。

耐火极限是指任一建筑构件在规定的耐火试验条件下，从受火时起，到失去稳定性或完整性被破坏或失去绝热性能时为止的这段抵抗火的时间。耐火极限一般用小时计算。只要上述条件有任意一个出现，就可以确定达到了建筑物的耐火极限。

三、建筑模数统一标准

1. 建筑模数的概念

建筑模数是一种选定的标准尺度单位，也可作为建筑空间、建筑构配件、建筑制品以及有关设备尺寸相互协调中的增值单位，其目的是协调建筑设计、施工及构配件生产之间的尺度关系，简化构件类型，降低建筑造价，保证建筑质量，提高施工效率。

表 1-2 模数数列 mm

基本模数	扩大模数						分模数		
1M	3M	6M	12M	15M	30M	60M	M/10	M/5	M/2
100	300	600	1200	1500	3000	6000	10	20	50
100	300						10		
200	600	600					20	20	
300	900						30		
400	1200	1200	1200				40	40	
500	1500			1500			50		50
600	1800	1800					60	60	
700	2100						70		
800	2400	2400	2400				80	80	
900	2700						90		
1000	3000	3000		3000	3000		100	100	100
1100	3300						110		
1200	3600	3600	3600				120	120	
1300	3900						130		
1400	4200	4200					140	140	
1500	4500			4500			150		150
1600	4800	4800	4800				160	160	
1700	5100						170		
1800	5400	5400					180	180	
1900	5700						190		
2000	6000	6000	6000	6000	6000	6000	200	200	
2100	6300							220	
2200	6600	6600						240	
2300	6900								250
2400	7200	7200	7200					260	
2500	7500			7500				280	
2600		7800						300	300
2700		8400	8400					320	
2800		9000			9000				
2900		9600	9600					340	
3000								360	
3100			10800					380	
3200			12000	12000	12000	12000		400	400
3300					15000				450
3400					18000	18000			500
3500					21000				550
3600					24000	24000			600
					27000				650
					30000	30000			700
					33000				750
					36000	36000			800
									750
									900
									950
									1000

2. 建筑模数的分类

建筑模数可分为基本模数、扩大模数、分模数和模数数列四类。

(1) 基本模数　是模数协调中选用的基本单位，其数值规定为100mm，表示符号为M，1M代表100mm。在整个建筑或其中一部分建筑组合件中的模数化尺寸均应是基本模数的倍数。

(2) 扩大模数　指基本模数的整倍数，扩大模数的基数应符合以下规定。

① 水平扩大模数尺寸为300mm、600mm、1200mm、1500mm、3000mm、6000mm，即3M、6M、12M、15M、30M、60M六个。

② 竖向扩大模数尺寸为300mm、600mm，即3M、6M两个。

(3) 分模数　尺寸为10mm、20mm、50mm，即M/10、M/5、M/2三个。

(4) 模数数列　指以基本模数、扩大模数、分模数为基础扩展成的一系列尺寸，模数数列的幅度应符合表1-2中的规定。

模数数列的幅度及使用范围如下。

① 水平基本模数的数列幅度为(1～20)M，主要用于门窗洞口和构配件断面尺寸。

② 竖向基本模数的数列幅度为(1～36)M，主要用于建筑物的层高、门窗洞口、构配件等尺寸。

③ 水平扩大模数的数列幅度：3M为(3～75)M、6M为(6～96)M、12M为(12～120)M、15M为(15～120)M、30M为(30～360)M、60M为(60～360)M，必要时幅度不限，主要适用于建筑物的开间或柱距、进深或跨度、构配件尺寸和门窗洞口尺寸。

④ 竖向扩大模数的数列幅度不受限制，主要适用于建筑物的高度、层高、门窗洞口尺寸。

⑤ 分模数数列的幅度：M/10为(1/10～2)M、M/5为(1/5～4)M、M/2为(1/2～10)M，主要适用于缝隙、构造节点、构配件断面尺寸。

3. 住宅建筑模数的协调标准

(1) 常用建筑结构模数化空间网格的设置规定　见表1-3。

(2) 住宅建筑的常用参数　见表1-4。

表1-3　常用建筑结构模数化空间网格的设置规定

结构类型	平面网格	竖向网格
砖混结构	3M	1M
大板结构	3M	1M

注：当模数化空间网格不能连续时，可在两个模数化网格之间设立中间区，中间区可采用非模数尺寸。

表1-4　住宅建筑的常用参数　mm

开间	2100、2400、2700、3000、3300、3600、3900、4200
进深	3000、3600、3900、4200、4500、4800、5100、5400、5700、6000
层高	2600、2700、2800

注：本表适用于砖混结构和大板结构的住宅建筑。

四、建筑物的构造组成和作用

一栋建筑物，不管是民用建筑还是工业建筑，一般都是由基础、墙或柱、楼地层、楼梯、屋顶和门窗六大部分组成的。

1. 基础

基础是建筑物最下部的承重构件，其作用是承受建筑物的全部荷载，并将这些荷载传给地基。因此，基础必须具有足够的强度，并能抵御地下各种有害物质的侵蚀。

2. 墙或柱

墙和柱是建筑物的承重构件和围护构件。作为承重构件的外墙，其作用是承重和抵御自然界各种因素对室内的侵袭；内墙主要起分隔房间和保证室内环境舒适的作用。框架或排架结构的建筑物中，柱起承重作用，墙仅起围护作用。因此，要求墙体具有足够的强度、稳定性及保温、隔热、防水、防火、耐久、经济等性能。

3. 楼地层

楼地层包括楼板层和地坪层。

楼板层是建筑物水平方向的承重构件，按房间层高将整栋建筑物沿水平方向分为若干层；楼板层承受家具、设备和人体荷载及其本身的重量，并将这些荷载传给墙或柱，同时对墙体起水平支撑的作用。因此，要求楼板层应具有足够的抗弯强度、刚度和隔声性能，对有水侵蚀的房间，还应具有防潮、防水的性能。

地坪层是底层房间与地基土层相接的构件，起承受底层房间地面荷载的作用。这就要求地坪层具有耐磨、防潮、防水、防尘和保温性能。

4. 楼梯

楼梯是楼房建筑的垂直交通设施，供人们上下楼层和紧急疏散时使用，所以要求楼梯具有足够的通行能力，并且具有防滑、防火性能。

5. 屋顶

屋顶是建筑物顶部的围护构件和承重构件，用来抵抗风、雨、雪霜、冰雹等的侵袭和太阳辐射热的影响，还要承受风雪荷载及施工、检修等屋顶荷载，并将这些荷载传给墙或柱。所以，屋顶应具有足够的强度、刚度和防水、保温、隔热等性能。

6. 门与窗

门与窗均属于非承重构件，也称为配件。门主要供人们出入，起到交通和分隔房间的作用；窗主要起通风、采光、分隔、眺望等作用。处于外墙上的门、窗有时是围护构件的一部分，要满足热工及防水的要求。对于某些有特殊要求的房间，门、窗应具有保温、隔声、防火的性能。

一栋建筑物除以上六大基本的组成部分外，还可能有许多其他的构件和配件，如阳台、雨篷、台阶、排烟道等。

五、要诀及释义

1. 要诀

建筑分类方法多，标准不同内容多；
等级划分听我说，使用年限和防火；
建筑模数多又多，基模、扩模和分模；
建筑构造六个数，各个部分不同做。

2. 要诀释义

建筑物的分类方法有很多种，通常按使用功能、建筑规模和数量、层高或高度及承重结构的材料进行分类。

根据建筑材料和构件的燃烧性能及耐火年限，建筑物的耐火等级分可分为一至四级。

建筑的模数有许多，可分为基本模数、扩大模数、分模数和模数数列。

建筑物一般都由基础、墙或柱、楼地层、楼梯、屋顶和门窗六大部分组成，各个部分有不同的做法。

第二节　建筑施工图的相关知识

一、建筑施工图的基本知识

1. 建筑施工图的定义

建筑施工图是按照正投影原理和建筑工程施工图的规定画法，把一栋房屋的全貌及各个细微局部完整地表达出来并用于指导施工的图纸。它是将建筑物的平面布置、外形轮廓、尺寸大小、结构构造和材料做法等内容，按照国家标准的规定，用正投影方法详细准确地画出的图样。它是用于组织、指导建筑施工，进行经济核算、工程监理，完成整个建筑建造的一套图样。它不仅表示建筑物在规划用地范围内的总体布局，还清楚地表达出建筑物本身的外部造型、内部布置、细部构造和施工要求等。它是由设计单位根据设计任务书的要求、有关的设计资料、计算数据和建筑艺术等多方面因素设计绘制而成的。

2. 工程建设程序

我国工程建设程序是指从项目投资意向、投资机会选择、项目决策、设计、施工到竣工验收并投入使用的全过程。一般包括以下几个阶段：项目建议书阶段、可行性研究报告阶段、设计文件阶段、建设准备阶段、建设实施阶段和竣工阶段。

根据批准的可行性研究报告，通过招投标文件，择优选择设计单位。在设计阶段一般可分为初步设计（有的工程要先做设计方案）和施工图设计两个阶段（重大项目或技术复杂项目可增加技术设计阶段）。有的民用建筑工程要进行方案设计的招投标。

（1）初步设计　是根据批准的可行性研究报告或设计任务书等有关设计的原始资料，拟定工程建设实施的初步方案，阐明工程在拟定的时间、地点以及投资数额内在技术上的可能性和经济上的合理性，并编制项目的总概算。初步设计是第一步要编制的设计文件。

初步设计文件由设计说明书（包括设计总说明和各专业的设计说明书）、设计图纸、主要设备及材料表和工程概算书四部分内容组成。初步设计文件的编排顺序为：封面；扉页；初步设计文件目录；设计说明书；图纸；主要设备及材料表；工程概算书。在初步设计阶段，各专业应对本专业内容的设计方案或重大技术问题的解决方案进行综合技术经济分析，论证技术上的适用性、可靠性和经济上的合理性，并将其主要内容写进本专业初步设计说明书中。设计总负责人对工程项目的总体设计在设计总说明中予以论述。为编制初步设计文件，应进行必要的内部作业，有关的计算书、计算机辅助设计的计算资料、方案比较资料、内部作业草图、编制概算所依据的补充资料等均需妥善保存。

初步设计文件编制完成后，按审批权限向有关部门报批，批准后作为进行施工图设计的依据。初步设计的审批权限是：大型项目由主管部委、省（自治区、直辖市）有关部门组织审查，提出意见，报国家发改委审批，其中重大项目的初步设计，由国家发改委组织聘请有关部门的工程技术专家和经济管理专家参加审查，报国务院审批；中小型建设项目，按隶属关系由主管部委、省（自治区、直辖市）有关部门自行审批，并报国家发改委备案。

（2）施工图设计　是根据批准的初步设计文件，对工程建设方案进一步具体化、明确化，通过详细的计算和设计，绘制出正确、完整的用于指导施工的图样，并编制施工图预算。施工图设计是可供进行施工和安装指导的设计文件。施工图设计的主要任务是满足施工要求，规定施工中的技术措施、用料及具体做法。施工图设计文件包括工艺、设备、建筑、结构、给排水、电气、照明、采暖通风、通信、煤气等各专业的全部施工图纸，以及工程说明书、结构计算书和施工图设计预算等。

施工过程中，如有变动，可进行局部设计变更，但要征得有关方面及设计人员的同意，并出设计变更图纸。

工程结束后还应由建设单位组织施工单位、设计单位对大型、复杂或意义重大的工程编制工程竣工图，作为工程技术档案备查，并作为使用、管理、维修及工程扩建改造时的依据。

3. 建筑施工图的分类

根据专业内容或作用的不同，一套完整的建筑工程施工图一般包括建筑施工图、结构施工图和设备施工图等。

（1）建筑施工图（简称建施）　主要表明建筑物的总体布局、外部造型、内部布置、细部构造、内外装饰等情况。它包括首页（设计说明）、总平面图、平面图、立面图、剖面图和详图等。

(2) 结构施工图（简称结施） 主要表明建筑物各承重构件的布置、形状尺寸、所用材料及构造做法等内容。它包括首页（设计说明）、基础平面图、基础详图、结构平面布置图、钢筋混凝土构件详图、节点构造详图等。

(3) 设备施工图（简称设施） 是表明建筑工程的各专业设备、管道及埋线的布置和安装要求的图样。它包括给水排水施工图（简称水施）、采暖通风施工图（简称暖施）、电气施工图（简称电施）等。它们一般都由首页、平面图、系统图、详图等组成。

一幢房屋的全套施工图的编排顺序一般应为：图纸目录、总平面图（施工总说明）、建筑施工图、结构施工图、给水排水施工图、采暖通风施工图、电气施工图等。

4. 建筑施工图的深度要求

施工图设计文件编制深度应按中华人民共和国建设部 1992 年 3 月 2 日（建设〔1992〕102 号文）批准的《建筑工程设计文件编制深度的规定》有关部分执行。设计文件要求齐全、完整，内容、深度应符合规定，文字说明、图纸要准确清晰，整个设计文件应经过严格的校审，经各级设计人员签字后，方能提出。

施工图设计文件的深度应满足以下要求：能据以编制施工图预算；能据以安排材料、设备订货和非标准设备的制作，应注意因地制宜，就地取材，并注意与施工单位密切联系，使施工图符合材料供应及施工技术条件等客观情况的要求；能详尽、准确地标出工程的全部尺寸、用料做法，并据以进行施工和安装；能据以进行工程验收。

5. 建筑施工图的作用

建筑施工图是表达设计思想、指导工程施工的重要技术文件。

6. 房屋建筑施工图的特点

① 施工图中的各图样，主要是根据正投影法绘制的，所绘图样都应符合正投影的投影规律。

② 施工图应根据形体的大小，采用不同的比例绘制。

③ 由于房屋建筑工程的构配件和材料种类繁多，为作图简便起见，国家标准规定了一系列的图例符号和代号来代表建筑构配件、卫生设备、建筑材料等。

④ 施工图中的尺寸，除标高和总平面图以 m 为单位外，一般以 mm 为单位，在尺寸数字后面不必标注单位。

二、建筑施工图的组成

1. 工程施工图的组成和编排

施工图设计是根据已批准的初步设计或设计方案而编制的可供进行施工和安装的设计文件。施工图设计应以图纸为主，主要包括封面、图纸目录、设计说明（或首页）、图纸、工程预算等。

专业	姓名	日期
建筑		
结构		
水道		

专业	姓名	日期
暖通		
电气		
电弱		

××××设计院

工程设计图纸

图纸目录

序号	号	名称	幅
1	建施-1	建筑设计说明　住宅经济技术指标 建筑构造用料做法表　门窗表　图纸目录	A2+1/2
2	建施-2	一层平面	A2+1/2
3	建施-3	二～六层平面	A2+1/2
4	建施-4	屋顶面	A2+1/2
5	建施-5	南立面	A2+1/2
6	建施-6	北立面	A2+1/2
7	建施-7	2—2剖面　3—3剖面　4—4剖面	A2+1/2
8	建施-8	1—1剖面　楼梯区　节点区　TC1区	A2+1/2

参仿标准图集

序号	图集编号	
1	92SJ704	门窗标准图集
2	05YJ5	散水
3	05YJ2	地面
4	05YJ11	厨房烟气道
5	05YJ9	女儿墙

建筑构造用料做法表

类别	序号	项目	采用标准图集及编号	备注
室内装修	1	内1	05YJ1P39内墙49	用于除厨房、卫生间内墙面、外罩防瓷涂料
	2	内2	05YJ1P40内墙40	用于厨房、卫生间内墙面200×300高档釉面砖，满贴
	3	地面1	05YJ1P地112	用于除厨房、卫生间所有面，阳台地面内掺1.5%防水剂
	4	地面2	05YJ1P9地114	用于厨房地面
	5	地面3	05YJ1P2地519	用于卫生间地面
	6	楼面1	05YJ1P楼126	用于除厨房、卫生间外的楼面，阳台楼面内掺1.5%防水剂
	7	楼面2	05YJ1P0楼127	用于厨房楼面300×300防滑地砖，厨房楼面内掺1.5%防水剂
	8	楼面3	05YJ1P23楼182	用于卫生间楼面，300×300防滑地砖
	9	内墙顶罩白	05YJ1P8242	用于楼梯间、外阳台内墙面
	10	踢脚	05YJ7 (1/1)	用于除厨房、卫生间、楼梯间外的所有室内踢脚线
	11	墙裙	05YJ7 (4/5)	用于楼梯间墙裙，900高橘黄色乳胶漆
	12	1	05YJ1P77	用于木门、木扶手，木门乳白色，扶手红色
	13	2	05YJ1P8120	仅用于楼梯栏杆，黑色
	14	顶1	05YJ1P顶467	用于厨房，卫生间、阳台顶棚，外罩防瓷涂料
	15	顶2	05YJ1P顶367	用于除厨房，卫生间、阳台外所有顶棚
	16	内角	05YJ7 (1/14)	R=20
	17	楼梯栏杆、扶手	05YJ8 (9/21) (D/31)	立杆间距不大于110，立杆ϕ18钢筋
室外装修	18	屋面1	05YJ1P9B1屋(2-40)-F	不上人平屋面
	19	外1	05YJ1P18外墙49	用于所有外墙，颜色见立面分区
	20	散水	05YJ9-1 (3/51)	900，150厚3:7灰土
	21	坡道	05YJ9-1 (4/53)	用于楼梯间入口处，60厚C15混凝土

××建筑设计有限公司				工程名称		工程号	
项目负责		专业负责		建设单位		图别	建筑
专业审定		设计		图名		图名	建筑-1
校对		制图				日期	

(a) 建筑说明及目录

图1-1

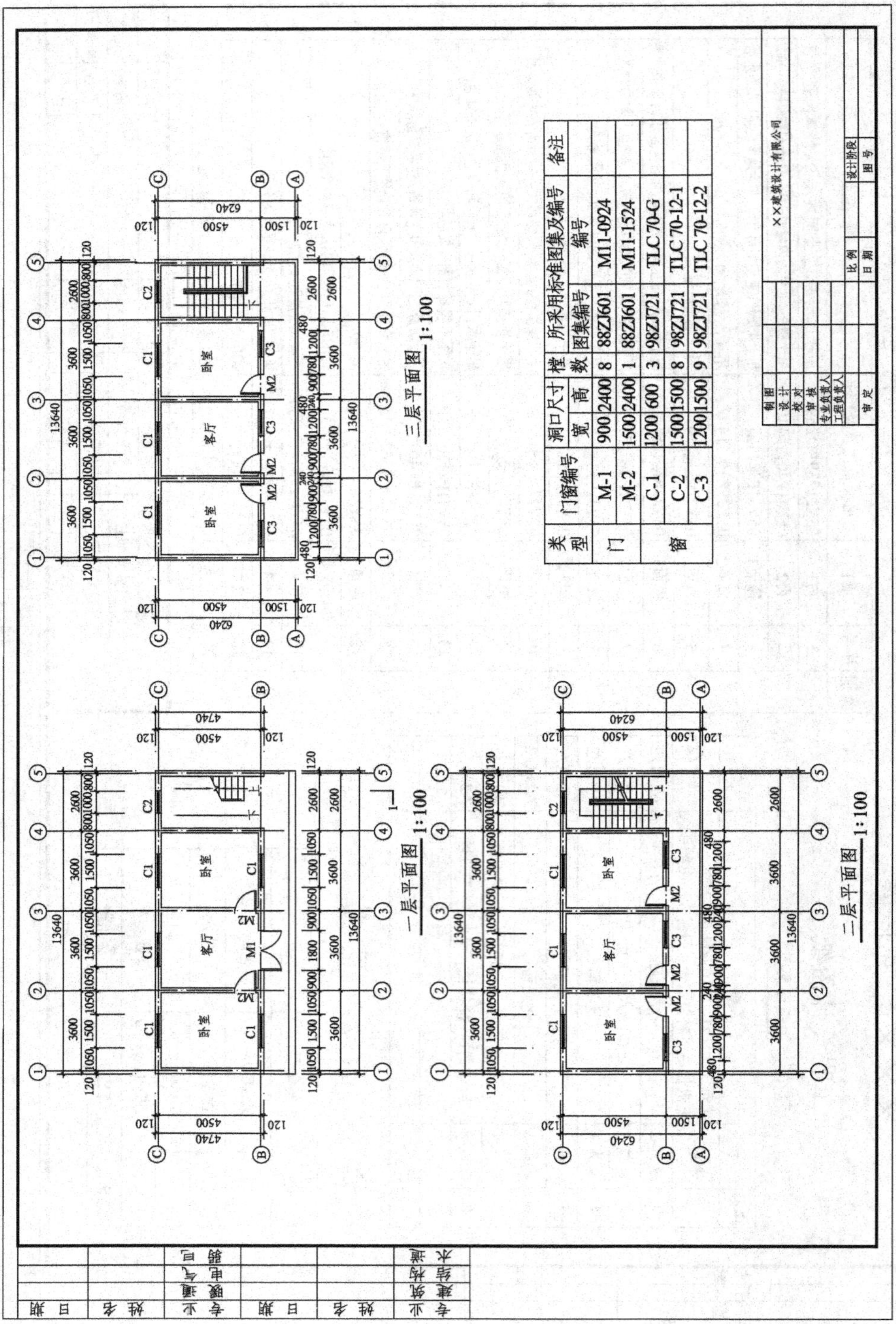

类型	门窗编号	洞口尺寸 宽	洞口尺寸 高	樘数	所采用标准图集及编号 图集编号	所采用标准图集及编号 编号	备注
门	M-1	900	2400	8	88ZJ601	M11-0924	
	M-2	1500	2400	1	88ZJ601	M11-1524	
窗	C-1	1200	600	3	98ZJ721	TLC70-G	
	C-2	1500	1500	8	98ZJ721	TLC70-12-1	
	C-3	1200	1500	9	98ZJ721	TLC70-12-2	

(b) 建筑平面图及门窗表

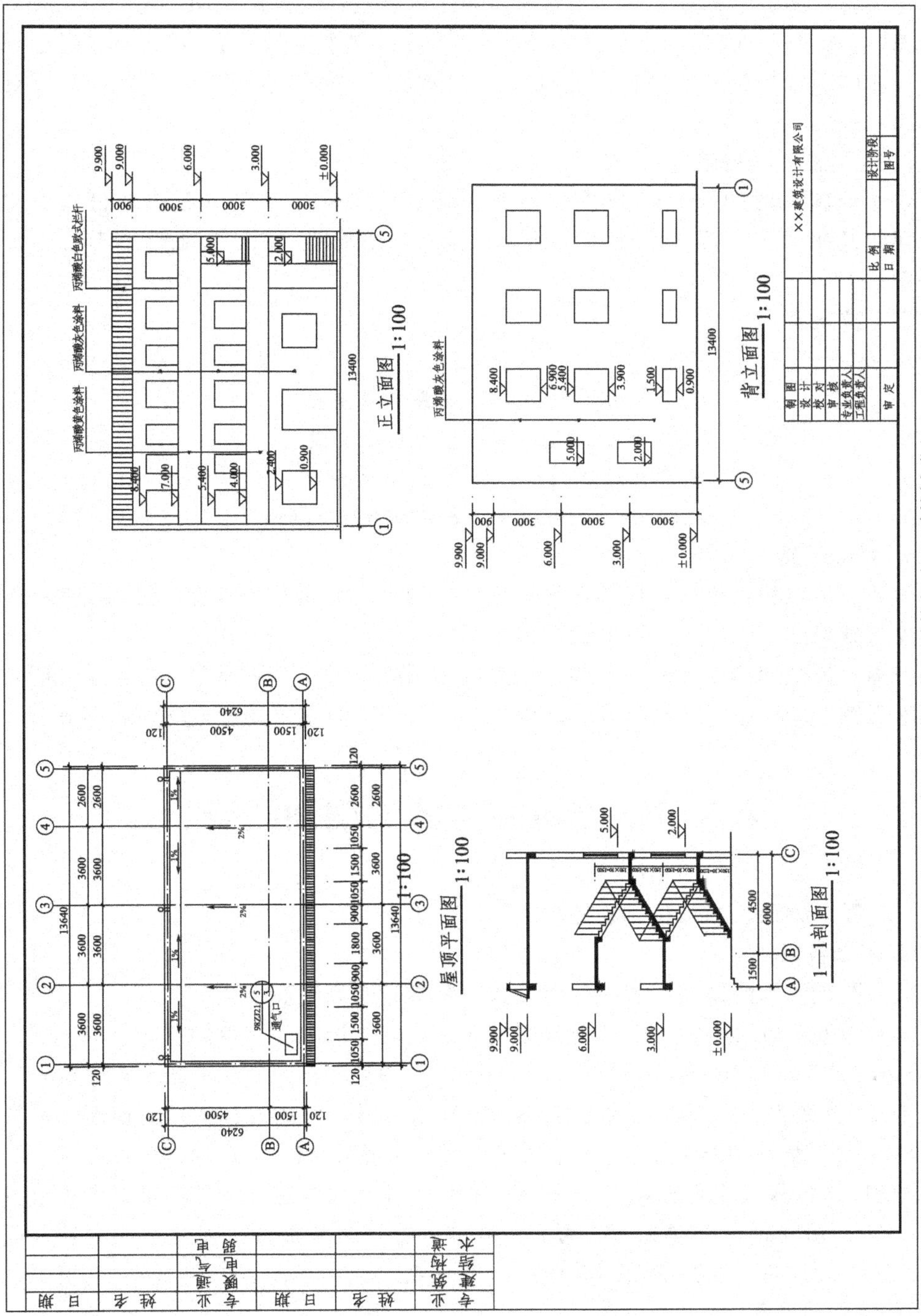

(c) 屋顶平面图、建筑立面图、建筑剖面图

图1-1　建筑施工图

一套完整的工程施工图纸应按顺序编排。一般是按图纸目录、设计施工总说明、建筑施工图、结构施工图、给水排水施工图、暖通空调施工图、电气施工图的顺序编排，就是平时我们常说的“建施”、“结施”、“水施”、“暖施”、“电施”。而每个专业的图纸按照顺序可称“建施 1”、“建施 2”等，也可简称“建 1”、“建 2”等。

2. 建筑施工图的组成

各专业施工图的组成部分各不相同。其中，建筑施工图包含图纸目录及说明、建筑总平面图、建筑平面图、建筑立面图、建筑剖面图、门窗表和节点详图等（图 1-1）。

三、要诀及释义

1. 要诀

设计不可随意造，规范要求很重要；
正投原理画法到，一幢大楼显全貌；
建设程序不可少，漏掉项目就不好；
施工图设计麻烦多，每步都要想周到。

2. 要诀释义

设计不可以凭空想象，应按照设计规范来做。一套完整的建筑工程施工图一般包括建筑施工图、结构施工图和设备施工图。

一幢房屋全套施工图的编排顺序一般应为图纸目录、总平面图（施工总说明）、建筑施工图、结构施工图、给水排水施工图、采暖通风施工图和电气施工图等。

第三节　建筑施工图的图面要素

一、图纸幅面、标题栏、会签栏

1. 图纸幅面

（1）图纸幅面的概念　图纸幅面是指图纸本身的大小规格。

（2）图纸幅面的尺寸　应是符合国家标准规定的尺寸。常用的有 A0(841mm×1189mm)、A1(594mm×841mm)、A2(420mm×594mm)、A3(297mm×420mm)、A4(210mm×297mm) 等。如果长度不够而宽度合适，可以设置加长的幅面，加长的标准应符合表 1-5 中的规定。通常情况下，按加长 0.25、0.5、0.75 来设置。一张 A2 的图纸如果长度不够，可以先设置加长 0.25，如果还不够长，可以直接设置加长 0.50。相应的 A0、A1、A3 可采用同样的方法设置加长。但是，如果是宽度不够，则不能加宽，而只能改用其他图号的图纸。比如，A2 不够宽，可以用 A1；A1 不够宽，可以用 A0。

需要微缩复制的图纸，其一个边上应附有一段准确米制尺度，四个边上均附有对中标志。米制尺度的总长应为100mm，分格应为10mm。对中标志应画在图纸各边长的中点处，线宽应为0.35mm，伸入框内应为5mm。其尺寸单位均为mm，横向使用。

表1-5　图纸长边加长尺寸　　mm

幅面尺寸	长边尺寸	长边加长尺寸
A0	1189	1486　1635　1783　1932　2080　2230　2378
A1	841	1051　1261　1471　1682　1892　2102
A2	594	743　891　1041　1189　1338　1486　1635 1783　1932　2080
A3	420	630　841　1051　1261　1471　1682　1892

注：有特殊需要的图纸，可采用宽×长为841mm×891mm与1189mm×1261mm的幅面。

从表1-5中可以看出，A1幅面是A0幅面的对开，A2幅面是A1幅面的对开，其余类推。同一项工程图纸，尽量采用相同的幅面。

(3) 图纸幅面的格式　图纸以短边作为垂直边称为横式，以短边作为水平边称为立式。一般A0～A3图纸宜横式使用；必要时，也可立式使用。一个工程设计中，每个专业所使用的图纸，一般不宜多于两种幅面，不含目录及表格所采用的A4幅面。

图1-2所示为A0～A4图纸幅面的格式。其中，a=25mm，c值与幅面有关，A0～A2幅面的c=10mm，A3幅面的c=5mm。

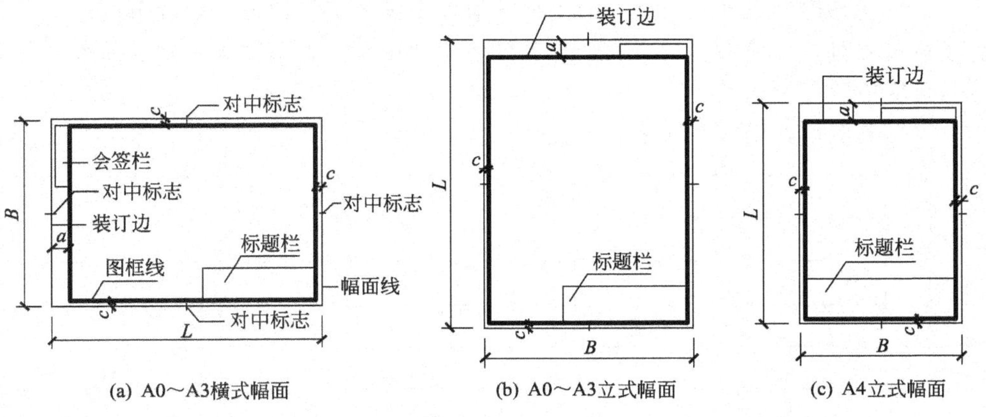

图1-2　A0～A4图纸幅面

2. 标题栏

(1) 标题栏的意义　标题栏简称图标，是检查和翻阅图纸、了解工程设计单位及其主要负责人的重要依据。

(2) 标题栏的位置和内容　标题栏一般位于图纸图框的右下角处，内容主要包括设计单位名称、工程名称、图纸类别、图纸设计号、日期以及审核、校对、设计、制图和院长、总工程师、室主任、项目负责人等各级设计人员的签字栏等。标题栏应根据工程需要确定其尺寸、格式和分区。

涉外的工程图标内，各项主要内容的中文下方应附有相应的译文，设计单位名称的上方，应加上“中华人民共和国”字样。

（3）标题栏的格式　常见的标题栏格式如图 1-3 所示。

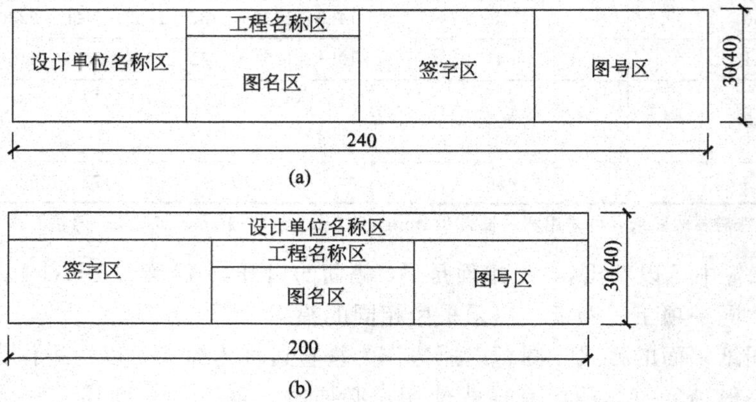

图 1-3　标题栏

3. 会签栏

（1）会签栏的定义　会签栏是为有关设计人员填写其所代表的专业、姓名、日期（年、月、日）等所设计的表格。

（2）会签栏的位置和规定　会签栏一般位于图纸装订边的上端或右端。一个会签栏不够用时，可另加一个，两个会签栏应并列放置。若不需要会签的图纸，可不标明会签栏。

（3）会签栏的格式　如图 1-4 所示。

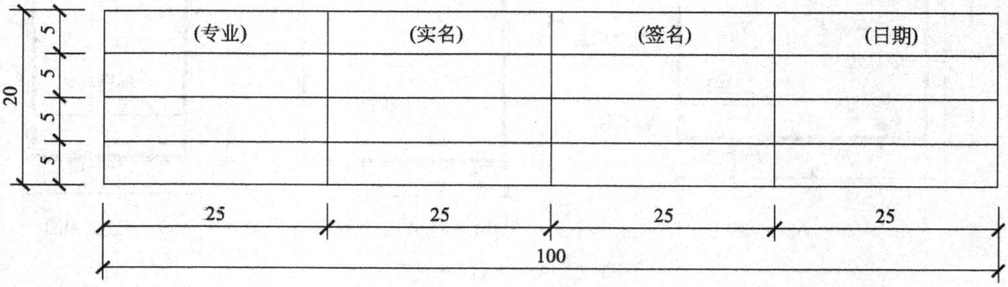

图 1-4　会签栏

二、图线和字体

1. 线型与线宽

为了表达工程图样中的不同内容，并且能够分清主次，必须使用不同的线型和不同粗细的图线，国家标准对图线的线型和线宽的画法均作了明确的规定。

（1）线型　在建筑施工图中，不同的线型表达不同的意义。线型有实线、虚线、点画线、双点画线、折断线、波浪线等。其中，实线、虚线、点画线、双点画线又可分为粗、中、细几种，如粗实线、细实线等。

工程建设图纸，应选用规定的线型，具体见表1-6。

表1-6　线型与线宽

名称		线型	线宽	用途
实线	粗		b	主要可见轮廓线
	中		$0.5b$	可见轮廓线
	细		0.25b	可见轮廓线、图例线
虚线	粗		b	见各有关专业制图标准
	中		$0.5b$	不可见轮廓线
	细		$0.25b$	不可见轮廓线、图例线
单点长画线	粗		b	见各有关专业制图标准
	中		$0.5b$	见各有关专业制图标准
	细		$0.25b$	中心线、对称线等
双点长画线	粗		b	见各有关专业制图标准
	中		$0.5b$	见各有关专业制图标准
	细		$0.25b$	假想轮廓线、成型前原始轮廓线
折断线			$0.25b$	断开界线
波浪线			$0.25b$	断开界线

（2）线宽　图线按线宽分为粗线、中粗线和细实线三种，它们的宽度比率为4∶2∶1。线宽的代号用b表示。根据图样的复杂程度及比例，选用国家标准规定的线宽值。常用的线宽值有0.18mm、0.25mm、0.35mm、0.50mm、0.70mm、1.00mm、1.40mm、2.00mm。一般情况下，可取b=0.70mm。同一图样中，同类图线的宽度应一致。工程中，习惯把粗实线的线宽用b表示。

设计图纸时，应首先确定基本线宽b，然后选用适当的线宽组，具体见表1-7。

表1-7　线宽组　　mm

线宽比	线宽组					
b	2.0	1.4	1.0	0.7	0.5	0.35
$0.5b$	1.0	0.7	0.5	0.35	0.25	0.18
$0.25b$	0.5	0.35	0.25	0.18	—	—

注：一张图纸内，各不同线宽组中的细线，可统一采用较细线宽组的细线。

图纸的图框线和标题栏线也有相应的线宽规定，具体见表1-8。

表 1-8 图框线、标题栏线的宽度 mm

幅　面	图　框　线	标题栏外框线	标题栏分格线和会签栏线
A0、A1	1.4	0.7	0.35
A2、A3、A4	1.0	0.7	0.35

（3）图线的画法　相互平行的图线最小间隙不得小于 0.7mm，尺寸线间距为 6～10mm。

图线相交时如图 1-5 所示，虚线为实线的延长线时，不得与实线连接。

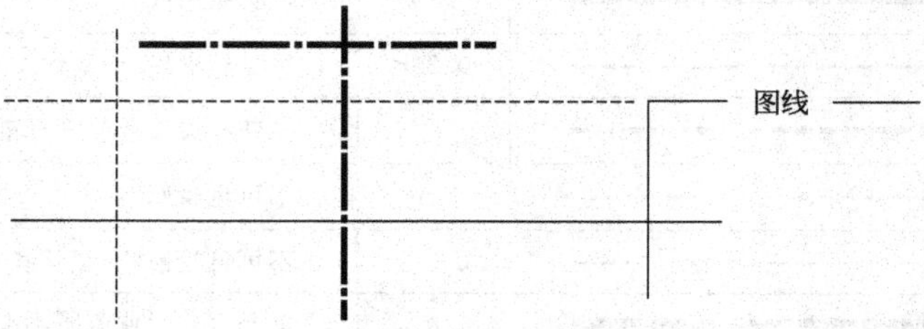

图 1-5　图线相交

虚线、点画线、双点画线绘制时，线素长度与间距应大致相等。

点画线或双点画线在较小图形中绘制困难时，可用实线代替。

图线不得与文字、数字或符号重叠、混淆，不可避免时应断开图线以保证文字、数字等清晰。

2. 字体

（1）字体的书写标准　图纸上的文字、数字或符号等，均应字体端正、笔画清晰、排列整齐，标点符号应清楚正确。

（2）字体的大小　文字的字高，应从下列字高中选取，常用的字高（用 h 表示）为 2.5mm、3.5mm、5mm、7mm、10mm、14mm、20mm。在特殊情况下，若需要较大的字体时，其高度应按$\sqrt{2}$的比率递增。汉字的高度 h 不应小于 3.5mm，字宽一般为 $h/\sqrt{2}$。

图纸说明的汉字，应采用长仿宋字，其宽度与高度的关系见表 1-9。

表 1-9　长仿宋体字高宽关系 mm

字宽	14	10	7	5	3.5	2.5	1.8
字高	20	14	10	7	5	3.5	2.5

（3）字体的书写规定　大标题、图册封面、地形图等上面的汉字也可用其他字体，但应易于辨认。

汉字简化字的书写，必须以国务院公布的《汉字简化方案》和其他有关规定为准，长仿宋字的书写示例如图 1-6 所示。

一二三四五六七八九十
平立剖面图基础层结构
建筑楼板柱混凝土楼梯

图 1-6　长仿宋字示例

拉丁字母、阿拉伯数字或罗马数字的书写与排列，应符合表 1-10 的规定。

表 1-10　拉丁字母、阿拉伯数字或罗马数字的书写规则

书写格式	一般字体	窄字体
大写字母高度	h	h
小写字母高度(上下均无延伸)	$\frac{7}{10}h$	$\frac{10}{14}h$
小写字母伸出的头部或尾部	$\frac{3}{10}h$	$\frac{4}{14}h$
笔画宽度	$\frac{1}{10}h$	$\frac{1}{14}h$
字母间距	$\frac{2}{10}h$	$\frac{2}{14}h$
上下行基准线最小间距	$\frac{15}{10}h$	$\frac{21}{14}h$
词间距	$\frac{6}{10}h$	$\frac{6}{14}h$

拉丁字母、阿拉伯数字或罗马数字，可按需要写成斜体或正体，斜体字头向右倾斜，与水平基准线成 75°，斜体字的高度与宽度应与相应的正体字相等。汉字的字高应不小于 3.5mm；拉丁字母、阿拉伯数字或罗马数字的字高应不小于 2.5mm。拉丁字母、阿拉伯数字的书写示例如图 1-7 所示。

数字应用阿拉伯数字书写；计量单位应符合国家颁布的有关规定，如五百三十八毫米应写成 538mm，六百七十九吨应写成 679t，一千零二十三千克每立方米应写成 1023kg/m^3。表示分数时，不得将数字与文字混合书写，如八分之四，应写成 4/8，不得写成 8 分之 4，百分之七十五应写成 75%，不得写成百分之 75。当注写的数字小于 1 时，必须写出个位的“0”，小数点应采用圆点，齐基准线书写，如 0.01。

三、比例和尺寸标注

1. 比例

(1) 比例的定义和表示　施工图比例是指施工图图形与实际建筑物的尺寸之

ABCDEFGHIJKLMNOPQRSTUVWXYZ
abcdefghijklmnopqrstuvwxyz

ABCDEFGHIJKLMNOPQRSTUVWXYZ
abcdefghijklmnopqrstuvwxyz

(a) 拉丁字母

0123456789
0123456789

(b) 阿拉伯数字

图 1-7　拉丁字母、阿拉伯数字示例

比。比例的大小是指比值的大小，如 1：500 小于 1：300。比例的符号为“：”，比例应以阿拉伯数字表示，如 1：5、1：30、1：100、1：1000 等。比例一般标注在标题栏内，必要时也可注写在视图名称的下方或右侧。比例为 1 的比例为原值，字的底线应取平。比例的字高，应比图名的字高小一号或两号，具体如图 1-8 所示。

图 1-8　比例

（2）绘图比例的选取　绘图比例应根据图样的用途与被绘对象的复杂程度来选取，具体见表 1-11。一般情况下，一个图样要选用一种比例；但特殊情况下，同一图样也可选用两种比例。

表 1-11　绘图所用比例

常用比例	1：1,1：2,1：5,1：10,1：20,1：50,1：100,1：200,1：500,1：1000,1：2000,1：5000,1：10000,1：20000,1：50000,1：100000,1：200000
可用比例	1：3,1：15,1：25,1：30,1：40,1：60,1：150,1：250,1：300,1：400,1：600,1：1500,1：2500,1：3000,1：4000,1：6000,1：15000,1：30000

（3）建筑施工图比例的选取　绘制建筑的平面图、立面图和剖面图时，采用的比例较小，常用的有 1：50 和 1：100 等。图样中一些构配件应采用《建筑制图标准》规定的图例绘制。建筑施工图中常用的比例见表 1-12。

表 1-12　建筑施工图中的常用比例

图　　名	比　　例
总平面图、管线综合图、排水图	1∶500,1∶1000,1∶2000
建筑物或构筑物的平面图、立面图、剖面图	1∶50,1∶100,1∶200
建筑物或构筑物的局部放大图	1∶10,1∶20,1∶50
配件及构造详图	1∶1,1∶2,1∶5,1∶10,1∶20,1∶50

2. 尺寸标注

(1) 尺寸的组成　工程图的图形表明建筑工程的形状和构造，但要详细确定工程的大小和位置，就需要标出它的尺寸。尺寸标注要注出尺寸界线、尺寸线、尺寸起止符号和尺寸数字等，尺寸的组成如图 1-9 所示。

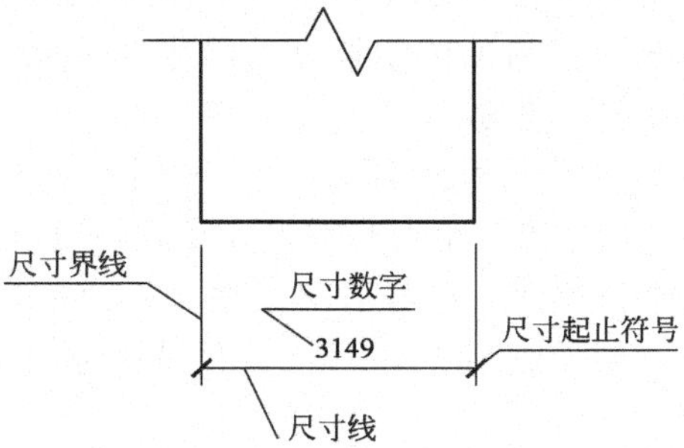

图 1-9　尺寸的组成

① 尺寸界线　表明了要标注的尺寸的边界，用细实线绘制。通常采用轴线作为尺寸界线，需要时也可采用建筑的轮廓线、中心线作为尺寸界线。对于长度方向的尺寸，尺寸界线与要标注的方向垂直，一端离开图样轮廓线不小于 2mm，另一端应超出尺寸线 2～3mm，如图 1-10 所示。

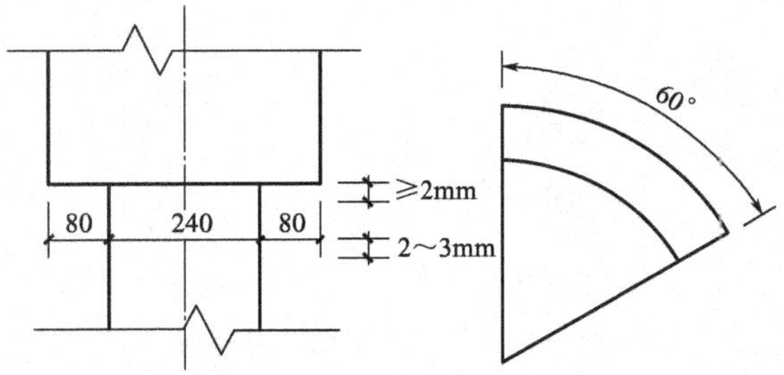

图 1-10　尺寸界线

② 尺寸线　画在两端的尺寸界线之间，用来注写尺寸，用细实线绘制。对于长度方向的尺寸，尺寸线与要标注的方向平行且不超出尺寸界线。对于角度尺寸，尺寸线是圆弧状的，并以两根角度线的交点作为圆弧的圆心。建筑的图线都不能作为尺寸线来用。

③ 尺寸起止符号　一般用中粗斜短线绘制，其倾斜方向与尺寸界线成顺时针45°角，长度宜为 2～3mm，如图 1-11(a) 所示；半径、直径、角度与弧线的尺寸起止符号用箭头表示，如图 1-11(b) 所示。

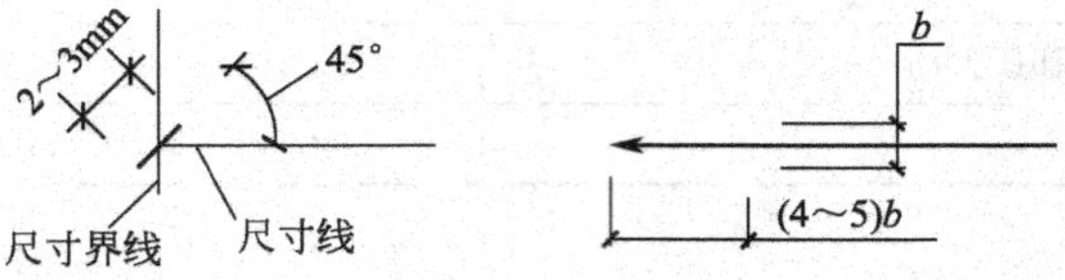

(a) 45°倾斜短线　　(b) 箭头

图 1-11　尺寸起止符号

④ 尺寸数字　图纸中的尺寸数字标注的是建筑工程的实际大小，它与绘图比例没有关系。尺寸数字的单位除在总平面图中或在标高中用 m 外，平面、立面、剖面及详图中都用 mm 表示。为使图示清晰，尺寸线不能穿越数字，需要时可以将尺寸线断开，空出写数字的位置。

建筑施工图中，尺寸数字一般注写在水平尺寸线的上方或竖向尺寸线的左侧。如果需标注的区域太小，尺寸数字也可写在尺寸线的外侧。另外，需标注的尺寸较多且小时，尺寸数字可错开标注，也可引出标注，如图 1-12 所示。尺寸数字的注写方向，应按图 1-12(a) 所示的规定注写，若尺寸数字在 30°斜线区内，可按图 1-12(b)所示的形式注写。

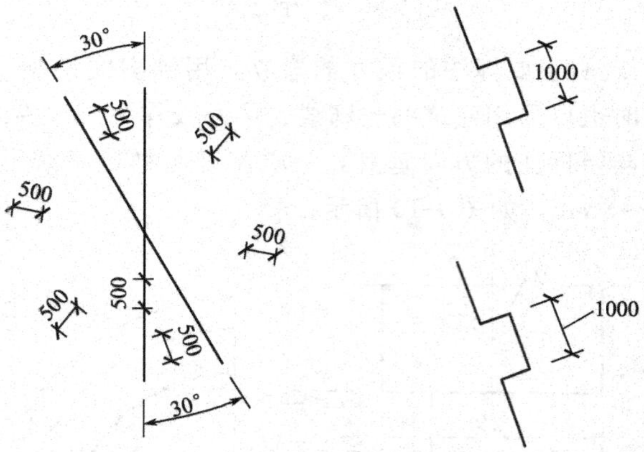

(a) 规定方向　　(b) 30°斜线区内

图 1-12　尺寸数字的注写方向

(2) 直径、半径等尺寸的标注

① 圆的直径的尺寸标注既可以标注在圆内，也可以标注在圆外。标注在圆内时，尺寸线应通过圆心，方向倾斜，两端用箭头作为起止符号，箭头指向圆周。直径数字前应加注直径符号“ϕ”，如图 1-13(a) 所示。

② 较小圆的直径尺寸标注方法如图 1-13(b) 所示。

③ 较小圆弧的直径和较大圆弧的半径的标注方法如图 1-13(c) 所示。

④ 标注球的半径时，应在尺寸数字前加注符号“*SR*”，标注球的直径尺寸时，应在尺寸数字前加注符号“*Sϕ*”，如图 1-13(d) 所示。

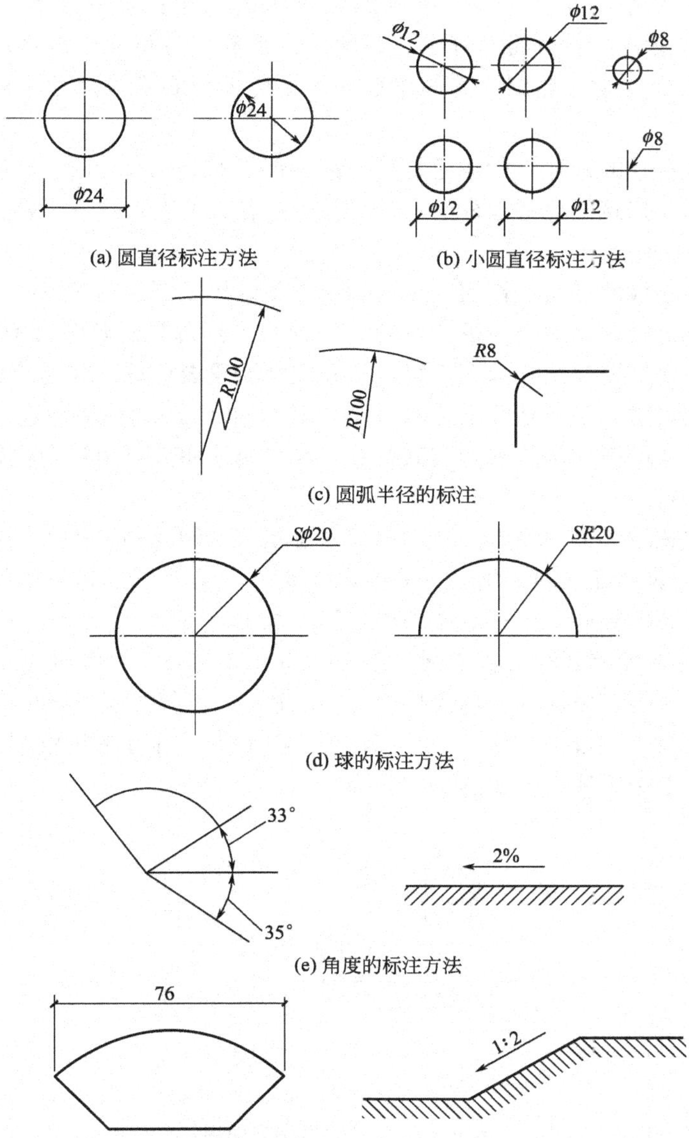

(a) 圆直径标注方法　(b) 小圆直径标注方法

(c) 圆弧半径的标注

(d) 球的标注方法

(e) 角度的标注方法

(f) 弦长的标注方法　(g) 坡度的标注方法坡度

图 1-13　直径、半径的标注

⑤ 角度、弦长的标注如图 1-13(e)、(f) 所示。

⑥ 坡度标注时，在坡度数字下，应加注坡度符号，坡度符号的箭头一般指向下坡方向，如图 1-13(f) 所示。

（3）施工图上常见的三种尺寸　为总尺寸、定位尺寸、细部尺寸。绘图时，应根据设计深度和图纸用途来确定所注的尺寸。最外一道是外包尺寸，表示房屋外轮廓的总尺寸，即从一端的外墙边到另一端的外墙边总长和总宽的尺寸；中间一道是轴线间的尺寸，表示各房间的开间和进深的大小；最里面的一道是细部尺寸，它表示门窗洞口和窗间墙等水平方向的定形和定位尺寸。内部尺寸应注明内墙门窗洞的位置及洞口宽度、墙体厚度、设备的大小和定位尺寸，内部尺寸应就近标注。

（4）定位尺寸的标注　标注建筑平面图各部位的定位尺寸时，在其最临近的轴线间标注；标注建筑剖面各部分的定位尺寸时，在其所在层次内标注。

3. 定位轴线

（1）定位轴线的定义和作用　定位轴线是建筑施工图中为表示建筑的具体尺寸而在其主要承重构件处横向和纵向设置的轴线（弧形部位还应设弧轴线）。建筑施工图中的定位轴线是建筑物承重系统定位和放线的重要依据。在建筑施工图中，用定位轴线来确定墙、梁、柱等承重构件的位置。对于非承重的隔墙、次要构件等，可用主轴线以外的附加轴线来确定其位置，也可用注明其与附近定位轴线的有关尺寸的方法来确定。

（2）定位轴线的书写规定　国家标准对绘制定位轴线的具体规定如下。

① 定位轴线用细点画线绘制，并按顺序编号，编号应注写在轴线端部的圆圈内。定位轴线圆的圆心，应在定位轴线的延长线上。

② 在轴线的端部画细实线圆圈（直径为 8～10mm）。定位轴线的编号标注在图样的下方与左侧，横向编号用阿拉伯数字（1、2、3 等）由左向右依次注写，竖向编号用大写拉丁字母 A、B、C 等（I、O、Z 除外，因为易与数字符号 1、0、2 混淆）从下至上依次注写，如图 1-14 所示。

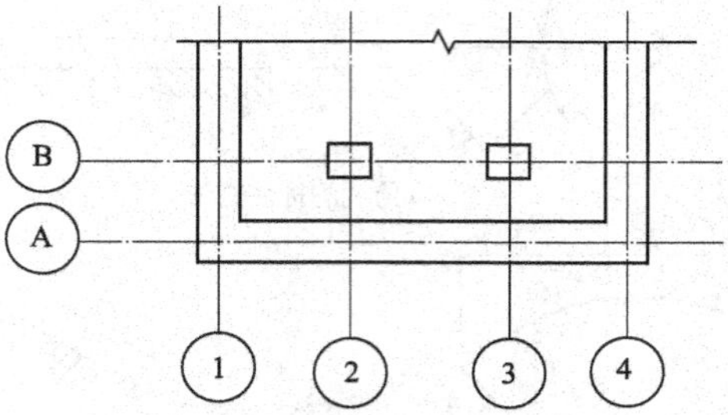

图 1-14　定位轴线编号顺序

如字母数量不够使用，可增用双字母或单字母加数字注脚，如 A_A、B_A、…、Y_A 或 A_1、B_1、…、Y_1。

③ 在标注非承重的隔墙或次要承重构件时，可在两根轴线的中间附加轴线的编号，用分数表示，也称分轴线。如果两轴线间有附加轴线并需要编号时，分数的

分母表示附加轴线前轴线的编号，分子表示附加轴线的编号，编号宜用阿拉伯数字依次编写，如图 1-15 所示。

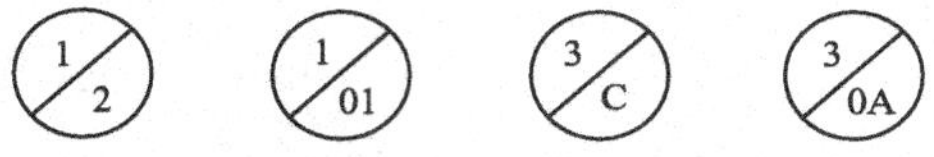

图 1-15　附加轴线编写方法

图 1-15 中左起第一个编号表示 2 号轴线后附加的第 1 根轴线；第二个编号表示 1 号轴线前附加的第 1 根轴线；第三个编号表示 C 号轴线后附加的第 3 根轴线；第四个编号表示 A 号轴线前附加的第 3 根轴线。

④ 对于详图上的轴线编号，如果一个详图同时使用几根定位轴线时，应同时注明各有关轴线的编号，如图 1-16 所示；通用详图的定位轴线编号时，只画圆，不注写轴线编号。

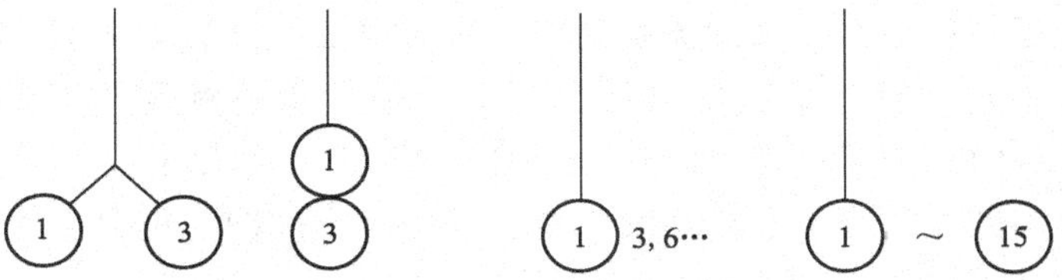

图 1-16　详图轴线编号

⑤ 圆形平面图中定位轴线的编号，其径向轴线宜用阿拉伯数字表示，从左下角开始，按逆时针顺序编写；其圆周轴线宜用大写拉丁字母表示，从外向内顺序编写，如图 1-17 所示。

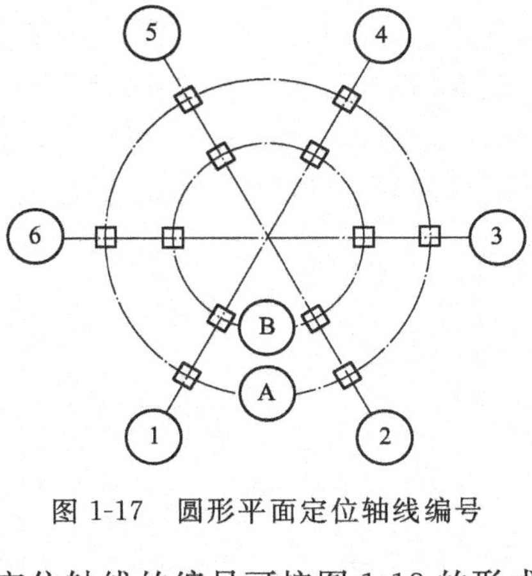

图 1-17　圆形平面定位轴线编号

⑥ 折线形平面图中定位轴线的编号可按图 1-18 的形式编写。

4. 标高

(1) 标高的定义和书写规定　标高是用于标注建筑物高度的一种尺寸形式。标

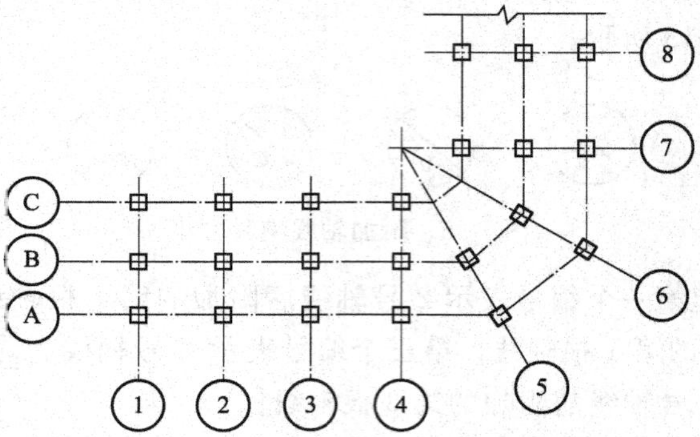

图 1-18　折线平面定位轴线编号

高有绝对标高和相对标高之分。在实际施工中，习惯上常将房屋底层的室内地坪高度定为零点，应注写成“±0.000”，以此为基准的标高为相对标高。在施工说明中，写有相对标高和绝对标高的关系。高于零点以上的标高为正值，正数标高不注“+”，如“3.000”。低于零点以下的标高为负值，负数标高则必须注“－”，如“－5.400”。标高在单体建筑工程施工图中的数字应注写到小数点后第 3 位，在总平面图中的数字则注写到小数点后第 2 位。在图样中的同一位置需表示几个不同标高时，标高数字可按图 1-19 所示的式注写。

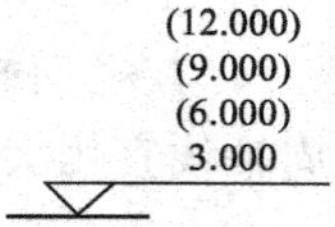

图 1-19　一个标高符号注数个标高数字

（2）标高符号的表示方法　标高符号应用直角等腰三角形表示，按图 1-20(a) 所示形式用细实线绘制，如标注位置不够，也可按图 1-20(b) 所示形式绘制。标高符号的具体画法如图 1-20(c)、(d) 所示。图 1-20(a)、(b) 用于表示实形投影的标高。标高符号的尖端，应指向被注的高度。尖端既可向下，也可向上。标高数字应注写在标高符号的延长线一侧。

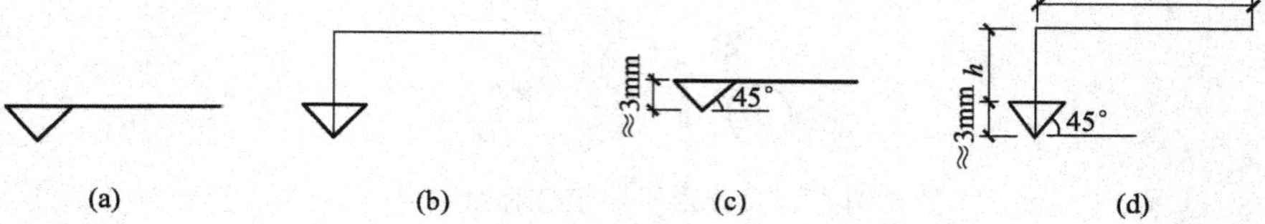

图 1-20　标高符号（一）

l—注写标高数字的长度；h—高度按需要而定。

总平面图中室外地坪的标高符号，用涂黑的三角形表示，如图 1-21 所示。

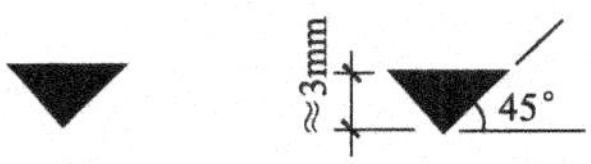

图 1-21 标高符号（二）

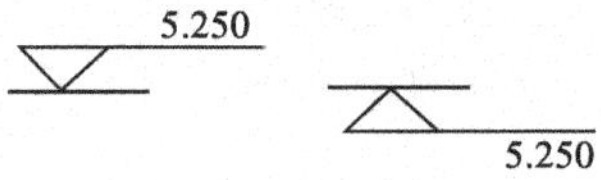

图 1-22 标高的指向

立面和剖面图中常见标高的标注方法，如图 1-22 所示。

(3) 标高的分类

① 房屋建筑工程施工图的标高可分为绝对标高和相对标高。

绝对标高：我国以青岛附近的黄海平均海平面为零点，以此为基准而设置的标高称为绝对标高。

相对标高：标高的基准面（即±0.000 水平面）是根据工程需要而选定的，这类标高称为相对标高。在一般建筑工程中，通常取底层室内主要地面作为相对标高的基准面（即±0.000）。

② 房屋的标高还有建筑标高和结构标高的区别。

建筑标高是指构件包括粉刷层在内的、装修完成后外表面的标高。

结构标高是不包括构件表面的粉刷层厚度、构件在结构施工后的完成面的标高。

(4) 需要标注标高符号的位置　绘制建筑物的平面、立面、剖面图时，宜标注室内外地坪、楼地面、地下室地面、阳台、平台、檐口、屋脊、女儿墙、雨棚、门、窗、台阶等处的标高。平屋面等不易标明建筑标高的部位可标注结构标高，并予以说明。结构找坡的平屋面，屋面标高可标注在结构板面最低点，同时注明结构找坡坡度。有屋架的屋面，要标注屋架下弦搁置点或柱顶的标高。

(5) 标注标高符号的规定　标高符号应按《房屋建筑制图统一标准》(GB/T 50001—2001) 中“标高”一节的有关规定标注。

楼地面、地下室地面、阳台、平台、檐口、屋脊、女儿墙、台阶等处的高度尺寸及标高，可按以下规定注写。

① 平面图及其详图在完成面处标注标高。

② 立面图和剖面图及其详图注写完成面标高和高度方向的尺寸。

③ 其余部分注写毛面尺寸及标高。

四、索引符号

1. 索引符号的意义

索引符号是将原图中不能表达清楚的局部构件引出到另外的地方并画出详图的一种符号。换句话说，就是图样中的某一个局部构件，若需另见详图，可用索引符号索引。

2. 索引符号的画法

索引符号由直径为 10mm 的圆和水平直径组成，圆和水平直径均以细实线绘制。

3．索引符号的编写格式

索引符号的编写格式如图 1-23(a) 所示。

(a) (b) (c) (d)

图 1-23 索引符号（一）

索引符号的详图若与被索引的图样在同一张图纸内，应在索引符号圆的上半圆中用阿拉伯数字标明该详图的编号，同时在下半圆中间画一段水平细实线，如图 1-23(b) 所示。

索引符号的详图若与被索引的图样不在同一张图纸内，同样应在索引符号圆的上半圆中用阿拉伯数字标明该详图的编号，并在下半圆中用阿拉伯数字标明该详图所在图纸的编号，如图 1-23(c) 所示。

索引符号的详图如采用标准图集，除上述规定外，还应在索引符号水平直径的延长线上加注该标准图集的编号，如图 1-23(d) 所示。

索引符号如用于索引剖面详图时，应在被剖切的部位绘制剖切位置线（粗实线），并以引出线（细实线）引出索引符号，引出线所在的一侧应为剖视方向，如图 1-24 所示。索引符号的编写规定与上述相同。

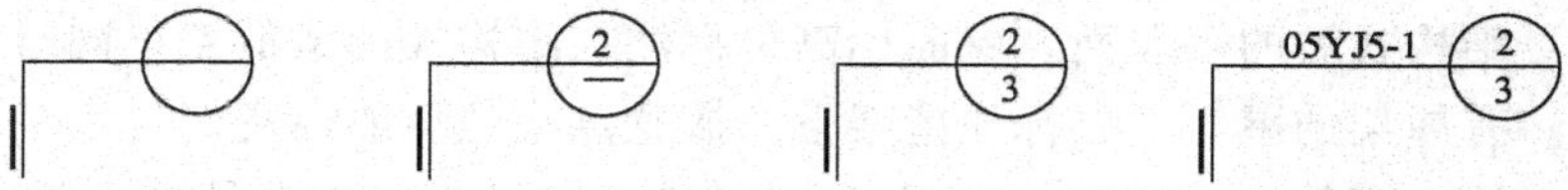

(a) (b) (c) (d)

图 1-24 索引符号（二）

五、详图符号

1．详图符号的意义

详图符号用于表示详图的位置和编号。它是索引符号的指向地，即在原图样中不能表达清楚的构件另外画出大样，并详细标明做法及其细部构造。它能完整地表达建筑设计师的思想，以便准确地指导施工。

2．详图符号的编写

详图符号用粗实线的圆表示，圆的直径为 14mm。

3．详图符号的编写规定

详图符号的编写规定有两种情况。

① 详图与被索引的图样在同一张图纸上时，在详图符号内用阿拉伯数字标明详图的编号，如图 1-25(a) 所示。

② 详图与被索引的图样若不在同一张图纸上时，在详图符号内用细实线画一

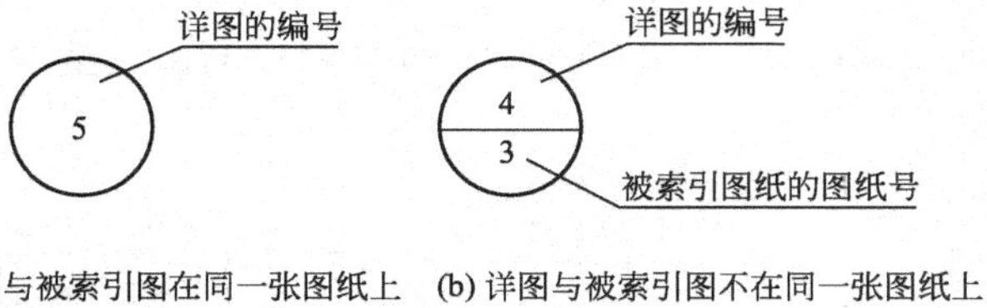

图 1-25　详图的位置和编号

水平线，在上半圆中标注详图的编号，在下半圆中标注被索引符号的图纸号，如图 1-25(b) 所示。

六、对称符号与引出线

1. 对称符号

对称符号由对称线和两端的两对平行线组成。对称线用细点画线绘制，平行线用细实线绘制，其长度宜为 6～10mm，每对的间距宜为 2～3mm，对称线垂直平分两对平行线，两端超出平行线宜为 2～3mm，如图 1-26 所示。

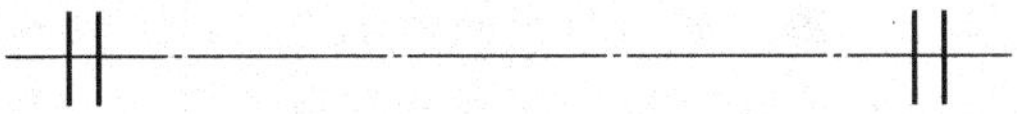

图 1-26　对称符号

2. 引出线

引出线是对图样上某些部位引出文字说明、符号编号和尺寸标注等时用的，其画法规定如下。

① 引出线应以细实线绘出，采用水平方向直线或与水平方向成 30°、45°、60°、90°的直线，经上述角度再折为水平线。文字说明注写在横线的上方或端部，如图 1-27 所示。索引详图的引出线应与水平直径线相连接。

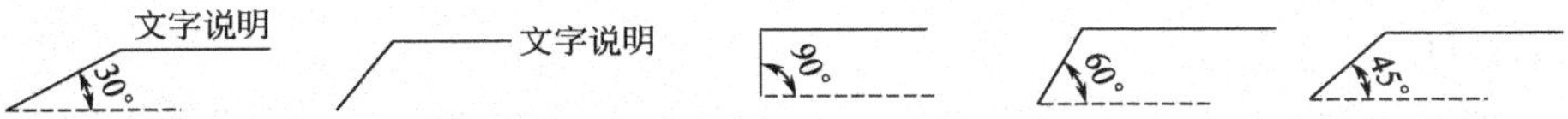

图 1-27　引出线

② 同时引出几个相同部分的引出线时，可以互相平行，如图 1-28(a) 所示；也可以画成集中于一点的放射线，如图 1-28(b) 所示。

③ 多层构造共用引出线时，引出线应通过被引出的各层，文字说明注写在横

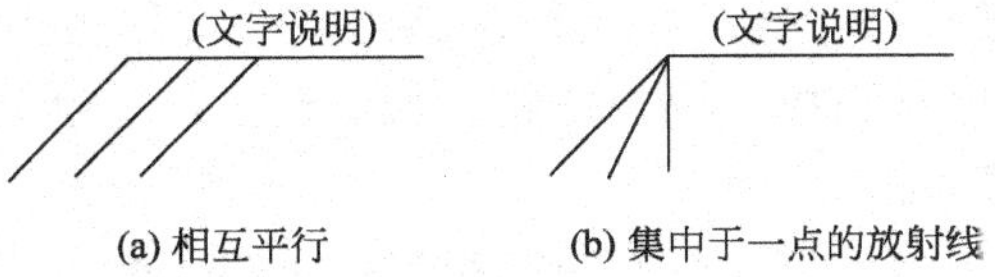

图 1-28　共用引出线

线的上方或端部。说明的顺序应由上至下，并与被说明的层次一致，如图 1-29 所示。如层次为横向排序时，由上自下的说明顺序应与由左至右的层次相互一致。

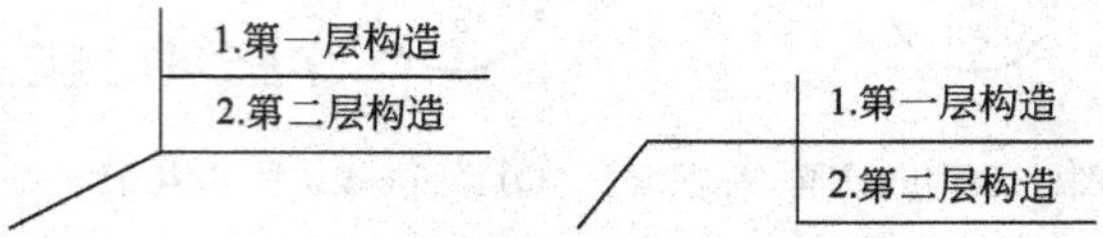

图 1-29　共用引出线

七、要诀及释义

1. 要诀

施工图的要素全，需要你来仔细看；
图幅、字体和线宽，索引详图另外见；
为了方便读者看，尺寸标注要简便；
尺寸标注边到边，不要重复要易看。

2. 要诀释义

建筑施工图的要素有很多，常用的有图纸幅面、标题栏和会签栏。

为了表达工程图样中的不同内容，并且能够分清主次，需使用不同的线型和不同粗细的图线，重要部位要有索引详图。

标注建筑平面图各部分的定位尺寸时，在其最临近的轴线间标注尺寸。标注尺寸时，要按照相应的规律标注。

第四节　建筑施工图识图入门

一、投影的基础知识

1. 投影的概念

在光源的照射下，物体会产生影子。如果影子落在地面上，然后画出该影子的形状图，这个图形就称为投影图，地面就称为投影面，照射的光就是投影线。

2. 投影法的分类

根据投影中心与投影面之间距离的不同，投影法分为中心投影法和平行投影法。

（1）中心投影法　如果投影中心距离投影面有限远时，所有的投射线都经过投影中心（也就是前面所说的光源），这种投影的方法就称为中心投影法，而得到的投影称为中心投影。这种图接近视觉映像，直观性强，是绘制建筑物常用的一种图示方法，如图 1-30 所示。

（2）平行投影法　如果投影中心距离投影面无限远时，所有的投射线都相互平行，这种投影的方法就称为平行投影法，而得到的投影称为平行投影。平行投影根

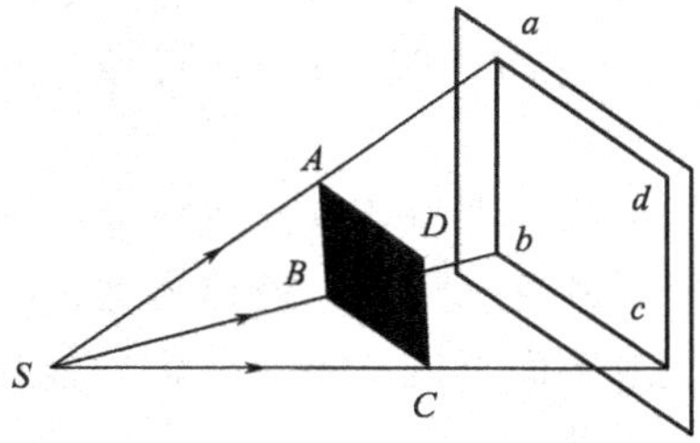

图 1-30　中心投影法

据投影线与投影面的夹角不同，又可分为斜投影和正投影两种，如图 1-31 所示。夹角小于 90°时，就是斜投影法；夹角等于 90°时，就是正投影法。正投影作图方便，亮度性好，能完整真切地表达主体的形状大小，正投影法是工程中应用最广泛的一种图示方法，是学习的主要内容。

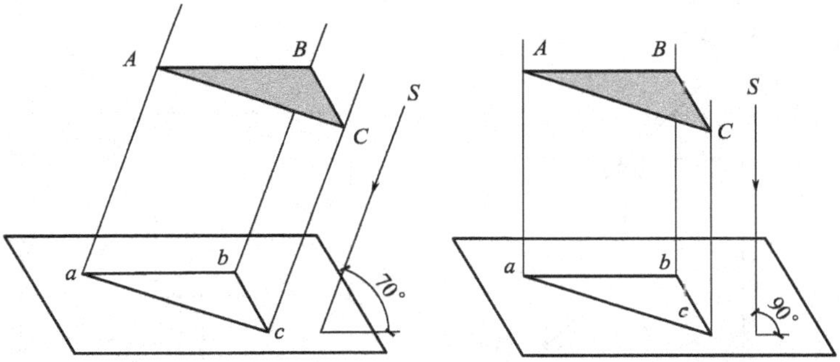

(a) 斜投影　　(b) 正投影

图 1-31　平行投影法

3. 正投影原理

如果光线相互平行并且垂直于投影面时，所得到的投影就称为正投影（也称为直角投影）。作出正投影的方法称为正投影法。由于正投影能够准确表示物体某个方向的形状和大小，所以在工程制图中应用广泛。

4. 正投影的基本特点

（1）反映真实　当空间上的直线、平面平行于投影面时，它的投影能够准确反映物体的实际长度和实际形状。这样，在投影图上就可以直接反映物体的真实尺寸。这在工程建设中就成为按图施工的重要理论依据。

（2）聚集性　空间的直线、平面垂直于投影面时，它的投影分别积聚为一点和一条直线。正是由于投影的这一特性，没有投影知识基础的人，看建筑工程图样时会有一定困难。

（3）相似性　空间的直线、平面倾斜于投影面时，它的投影仍为直线和平面，但直线比实际的长度缩短一些，平面的大小也比原来的图形缩小了一些。投影的这一特性被称为相似性，即投影图与原图相似但又有所不同。

（4）平行性　空间相互平行的直线，它们的投影仍相互平行。投影的这一特性，被称为平行性。

（5）定比性　空间直线上的一点将直线分成两个线段，两个线段的长度之比等于它们投影的长度之比。投影的这一特性，被称为定比性。

（6）从属性　空间直线或平面上的一点，它们的投影仍落在该直线或平面上。投影的这一特性，被称为从属性。

5．投影法在建筑学上的应用

如图 1-32(a) 所示，设置三个相互垂直的投影面，把空间分成八个角，常把形体放在第一分角中进行投影。

如图 1-32(b) 所示，在第一分角的三个投影面中，直立在观察者正对面的投影面称为正投影百，用字母 V 标记；水平位置的投影面称为水平投影面，用字母 H 标记；右侧的投影面称为侧立投影面，用字母 W 标记。上面三种投影面也可称为 V 面、H 面、W 面。

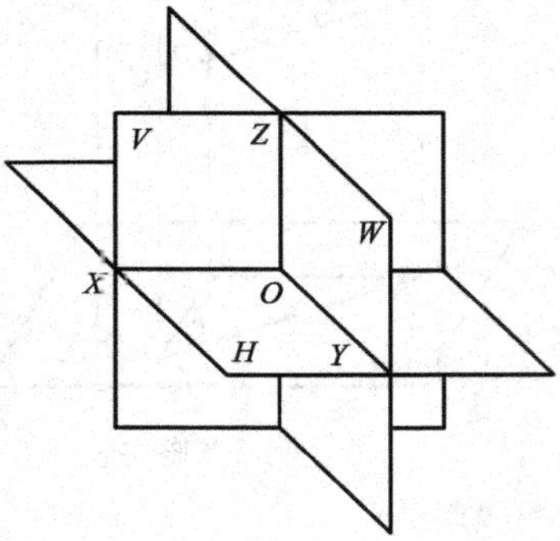

(a) 八个分角

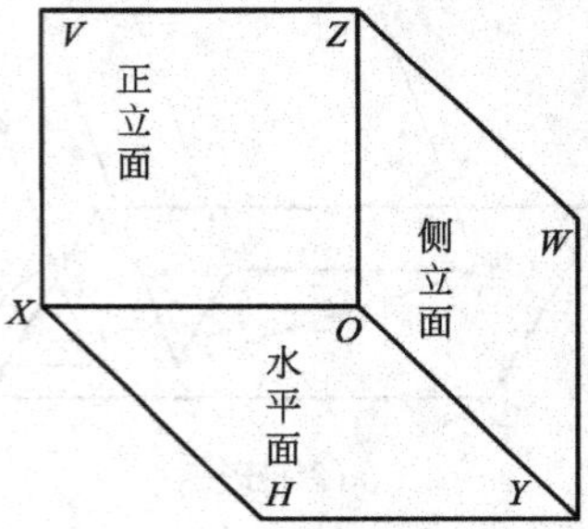

(b) 第一分角

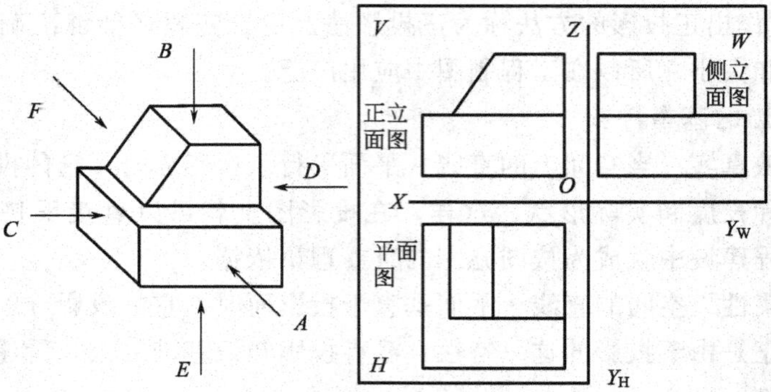

(c) 第一分角绘制视图

图 1-32　三视图的形成

三个投影面之间必然有下面的投影规律：正立面投影和水平面投影长对正；正立面投影和侧立面投影高平齐；水平面投影和左侧立面投影宽相等。房屋建筑的视图，应按正投影法并用第一分角画法绘制。自前方 A 投影称为正立面图，自上方 B 投影称为平面图，自左方 C 投影称为左侧立面图，自右方 D 投影称为右侧立面图，自下方 E 投影称为底面图，自后方 F 投影称为背立面图，如图 1-32(c) 所示。

当视图用第一分角画法绘制不易表达时，可用镜像投影法绘制，如图 1-33(a) 所示，但应在图名后注写“镜像”二字［图 1-33(b)］，或按图 1-33(c) 画出镜像投影识别符号。

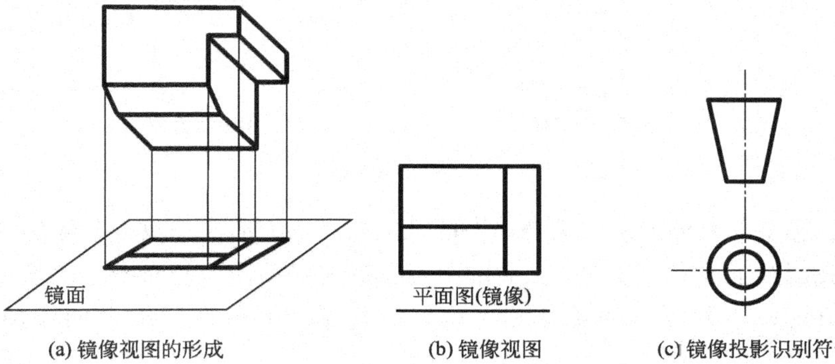

(a) 镜像视图的形成　(b) 镜像视图　(c) 镜像投影识别符号

图 1-33　镜像投影法

6. 视图配置

如在同一张图纸上绘制若干个视图时，各视图的位置宜按图 1-34 所示的顺序进行配置。

每个视图一般均应标注图名。图名宜标注在视图的下方或一侧，并在图名下用粗实线绘一条横线，其长度应以图名所占长度为准。使用详图符号作图名时，符号

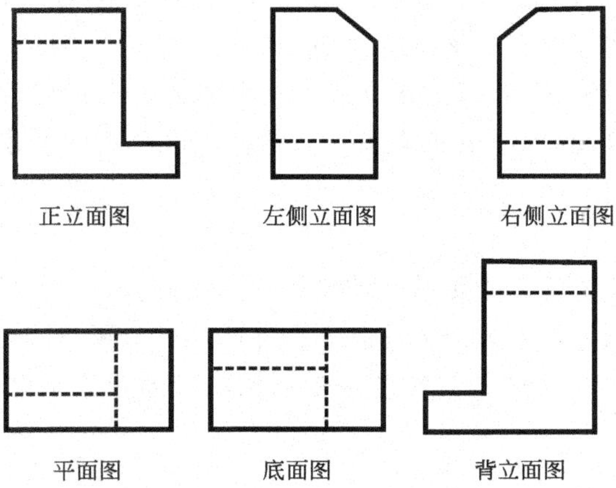

图 1-34　视图配置

下不再画线。

分区绘制的建筑平面图，应绘制组合示意图，指出该区在建筑平面图中的位置。

各分区视图的分区部位与编号均应一致，并应与组合示意图一致，如图 1-35 所示。

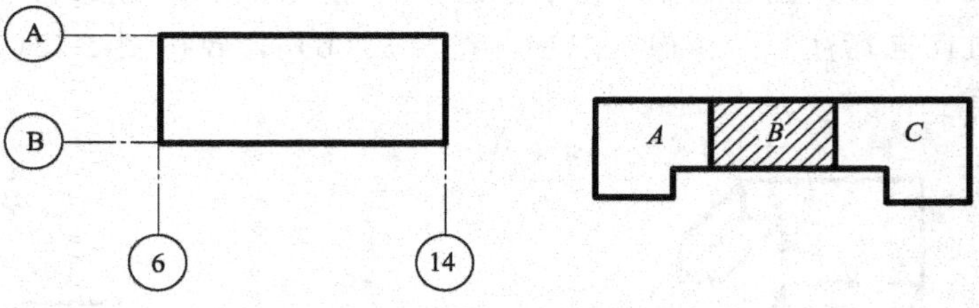

(a) B区示意图　　(b) 组合示意图

图 1-35　分区绘制建筑平面图

同一工程不同专业的总平面图，在图纸上的布图方向应一致；单体建（构）筑物平面图在图纸上的布图方向，必要时可与其在总平面图上的布图方向不一致，但必须标明方位；不同专业的单体建（构）筑物平面图，在图纸上的布图方向应一致。

建（构）筑物的某些部分，如果与投影面不平行（如圆形、折线形、曲线形等），画立面图时，可将该部分展至与投影面平行，再用正投影法绘制，并在图名后注写“展开”字样。

二、三面正投影

1. 一面投影图

物体在一个面上的投影称为一面投影，它的投影图就称为一面投影图。一面投影图从某个方向上反映了物体的形状，但它只能反映物体的一个侧面，所以只看一面投影图不能确定物体的唯一形状和大小。

例如，一个边长为 200mm 的正方体和一个底边长、宽均为 200mm 的四棱锥，它们的底面投影都是 200mm 的正方形。如果只从这个正方形投影来看，是确定不出物体的具体形状的。

2. 两面投影图

物体在两个相互垂直的投影面上的投影称为两面投影，它的投影图就称为两面投影图。两面投影图从两个方向上反映了物体的形状，可以确定出简单形体的空间形状和大小，但对于比较复杂的形体，必须做出三面投影图才能确定它的形状和尺寸。

3. 三面投影图

物体在三个相互垂直的投影面上的投影称为三面投影，它的投影图就称为三面投影图。三面投影图从三个方向上反映了物体的形状，因此可以确定出形体的空间形状和大小。

由于每个投影图只能反映物体一个面的情况，因此看图的时候，必须将同一物体的每个投影图互相联系起来，才能确定物体的形状。

4. 练习

图 1-36 所示为物体的三面投影图，先看一下投影图，想一想物体的形状，然后对照立体图检查是否和脑海中的形体一模一样。如果都完全对得上，说明你的空间想象力还是很不错的，已经具备了看投影图的能力，这对于以后识读建筑施工图是非常有用的。如果有一半左右对得上，说明你还需要加强和提高，否则识读建筑施工图会很困难。

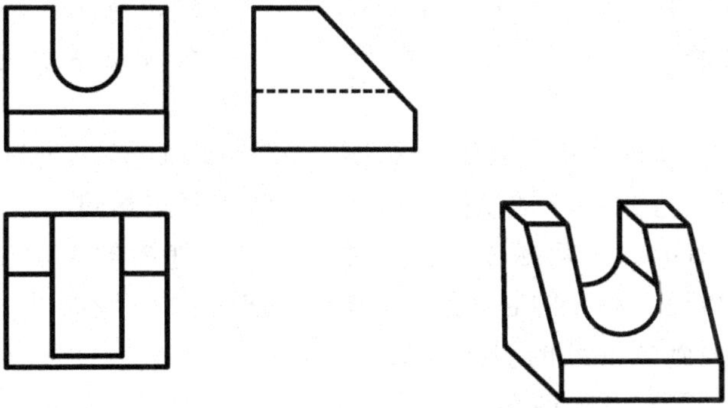

(a) 三面投影图　　(b) 立体图

图 1-36　三面投影图

三、剖面图与断面图

1. 剖面图的形成

剖面图是一种与三面投影图不同的新的图示方法。它先假想将物体切开，然后将处在观察者和剖切面之间的部分移去，将其余的部分向投影面投射，用所得的图形来表达物体内部的构造或断面形状。

2. 剖切符号

剖切符号是由剖切位置线（表示剖切平面剖切到的位置的线）、剖切方向线（表示剖切以后向哪个方向看的线）和剖面编号（是指剖面图按顺序编的号）组成的，如图 1-37 所示。

3. 剖面图的表示方法

剖面图除应画出剖切面切到部分的图形外，还应画出沿投射方向看到的部分，被剖切面切到部分的轮廓线用粗实线绘制，在剖切面与物体接触的部分上画相应的剖面材料图例，剖切面没有切到、但沿投射方向可以看到的部分，用中实线绘制。有关剖面图的具体规定如下。

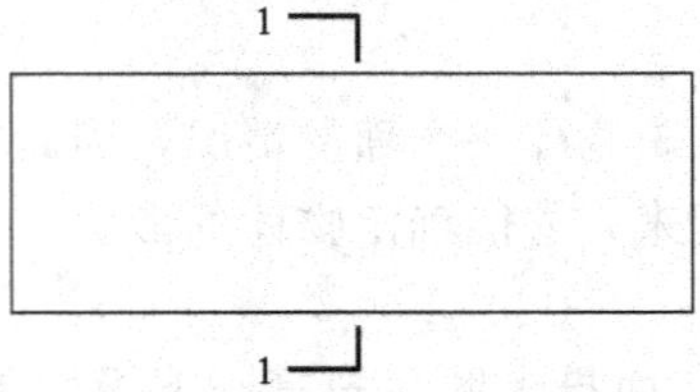

图 1-37　剖切符号

① 剖面图中的定位轴线一般只画出两端的轴线及其编号，以便与平面图对照。

② 剖面图中室内外的地面线用加粗实线表示。剖到的墙身、楼板、屋面板、楼梯段、楼梯平台等轮廓线用粗实线表示，未剖切到但可见的门窗洞、楼梯段、楼梯扶手和内外墙的轮廓线用中粗实线表示。门、窗、扇及其分格线，水斗及雨水管等用细实线表示。尺寸线、尺寸界线、引出线和标高符号按规定画成细实线。

③ 图例门、窗要按“构造及配件图例”绘制。在 1∶100 的剖面图中，剖切到的砖墙和钢筋混凝土的材料图例画法与 1∶100 的平面图相同。

④ 建筑剖面图中，必须标注垂直尺寸和标高。外墙的高度尺寸一般注三道：最外侧一道为室外地面以上的总高尺寸，即底层地面到二层楼面、各层楼面到上一层楼面、顶层楼面到檐口处的屋面等的尺寸，同时还应注明室内外地面的高差尺寸；里面一道为门窗洞及洞间墙的高度尺寸；此外，还应标注某些局部尺寸，如室内门窗洞、窗台的高度及不另画详图的构配件尺寸等。剖面图上两轴线间的尺寸也必须注出。在建筑剖面图上，室内外地面、楼面、楼梯平台面、屋顶檐口顶面都应注明建筑标高。某些梁的底面、雨篷底面等应注明结构标高。

4. 剖面图的种类

（1）全剖　是用一个平行于投影面的剖切平面将物体完全剖开得到的剖面图，一般适用于外形比较简单而内部结构比较复杂的建筑，如图 1-38 所示。

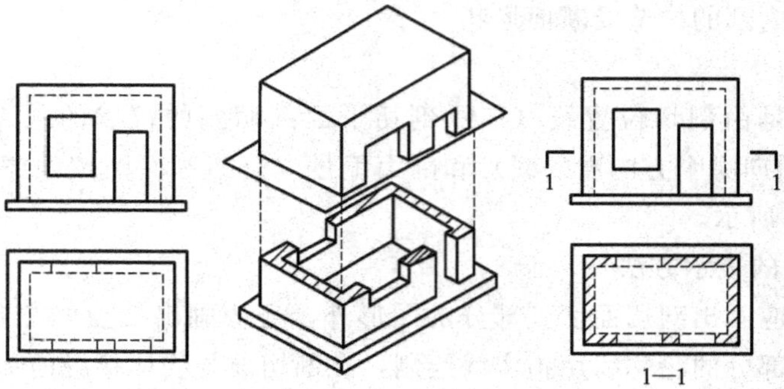

(a)　(b)　(c)

图 1-38　全剖

（2）半剖　当物体对称时以中心线为界，一半画成剖视，反应内部结构，一半画成视图，反映外形，如图 1-39 所示。

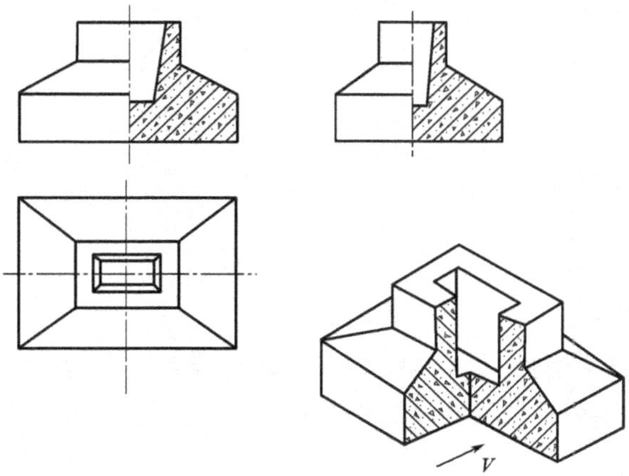

图 1-39　半剖

（3）局部剖　当物体形状较为复杂或者不方便进行全剖时，可保留投影图的大部分，只将形体的局部画成剖视，如图 1-40 所示。局部剖视采用波浪线来分界，波浪线不应与任何图线重合，不得超出图形轮廓线之外，并应画在物体的实体部分上，在结构的独立柱基础详图中常用到此类视图。

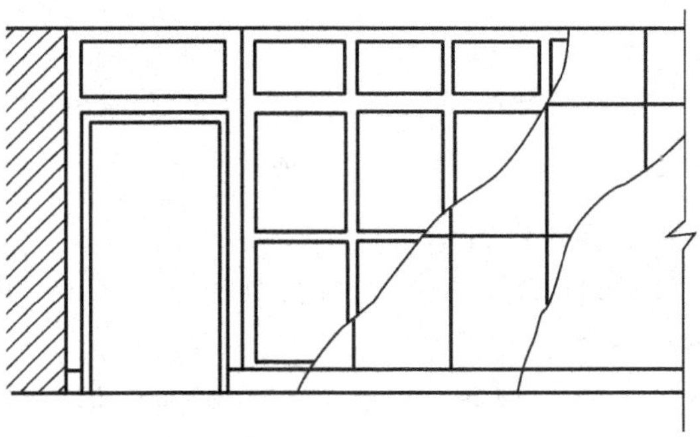

图 1-40　局部剖

（4）阶梯剖　用两个或两个以上相互平行的剖切平面将物体进行剖切，所得到的剖面图称为阶梯状剖面图。剖切面的转角处必须是直角，不应画出转折处的分界线，转折处不应与图形上的轮廓线重合，如图 1-41 所示。

5. 断面图的定义及标注

当物体被剖切面剖开时，只表达被剖切面接触部分的图形称为断面图。断面图只需（用粗实线）画出剖切面切到部分的图形。断面图的标注与剖面图相似，只是去掉了剖视方向线，而用数字的位置来表示投影方向。

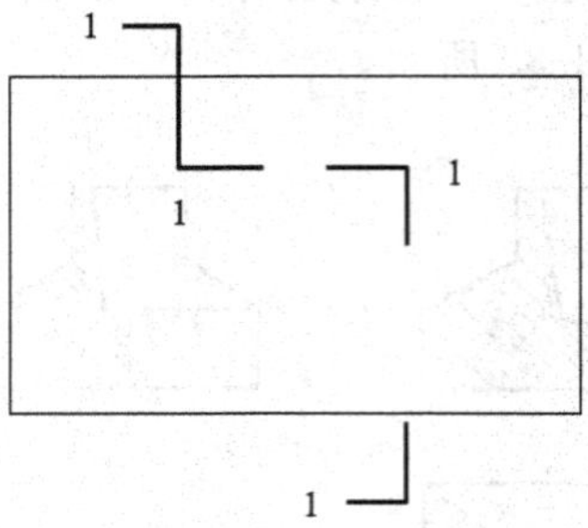

图 1-41 阶梯剖

6. 断面图的绘制

杆件的断面图可绘制在靠近杆件的一侧或端部并按顺序依次排列［图 1-42(a)］，也可绘制在杆件的中断处［图 1-42(b)］。

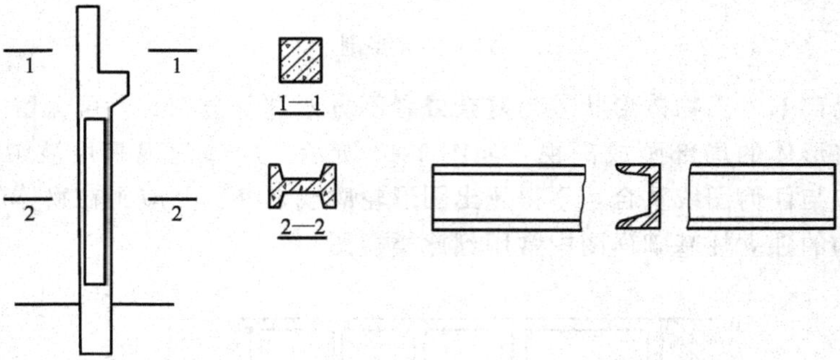

(a) 断面图按顺序排列　(b) 断面图画在杆件中断处

图 1-42 断面图

四、常见建筑材料及其表示方法

建筑材料是指各项建筑工程中应用的材料及制品。

1. 常见建筑材料的种类

常见建筑材料有砂、土、钢筋、砖、石材、矿渣、混凝土、钢筋混凝土、木材、金属、塑料、涂料、玻璃、防水材料、泡沫材料等。

2. 常见建筑材料的图例

常见建筑材料图例见表 1-13。

3. 使用建筑材料图例的注意事项

① 图例线应间隔均匀，疏密适度，做到图例正确，表示清楚。

② 不同品种的同类材料使用同一图例时应在图上附加必要的说明（如某些特定部位的石膏板必须注明是防水石膏板时）。

③ 两个相同的图例相接时，图例线宜错开或使倾斜方向相反，如图 1-43 所示。

表 1-13　常用建筑材料图例

序号	名称	图例	备注
1	自然土壤		包括各种自然土壤
2	夯实土壤		
3	砂、灰土	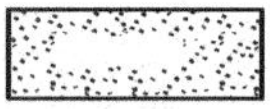	靠近轮廓线绘较密的点
4	砂砾石、碎砖三合土	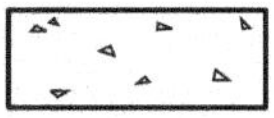	
5	石材	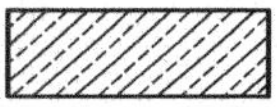	
6	毛石	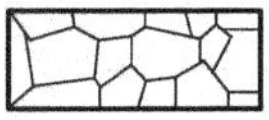	
7	普通砖	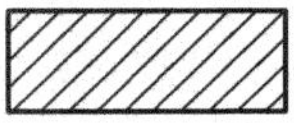	包括实心砖、多孔砖、砌块等砌体，当断面较窄不易绘出图例线时，可涂红
8	耐火砖	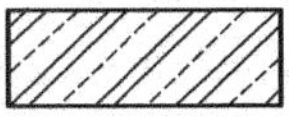	包括耐酸砖等砌体
9	空心砖		指非承重砖砌体
10	饰面砖		包括铺地砖、马赛克、陶瓷锦砖、人造大理石等
11	焦渣、矿渣	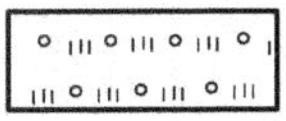	包括与水泥、石灰等混合而成的材料
12	混凝土		本图例指能承重的混凝土及钢筋混凝土
13	钢筋混凝土	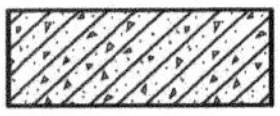	
14	多孔材料	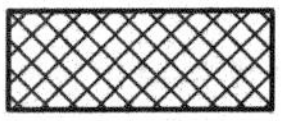	包括水泥珍珠岩、泡沫混凝土、非承重加气混凝土等

续表

序号	名称	图例	备注
15	纤维材料	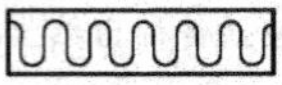	包括玻璃棉、麻丝等
16	泡沫塑料材料	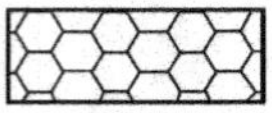	包括聚乙烯等多孔化合物
17	木材	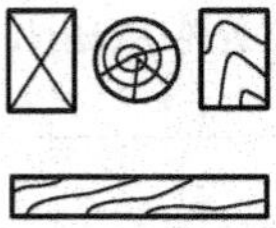	上图为横断面，下图为纵断面
18	胶合板		应注明×层胶合板
19	石膏板	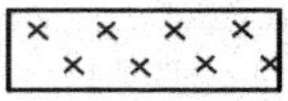	包括圆孔、方孔石膏板及防水石膏板等
20	金属	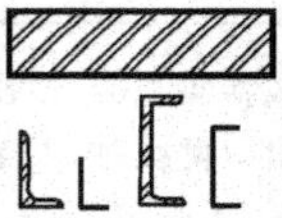	1. 包括各种金属 2. 图线较小时，可涂黑
21	网状材料		1. 包括金属、塑料网状材料 2. 应注明具体材料名称
22	液体		应注明具体液体名称
23	玻璃		包括平板玻璃、磨砂玻璃、夹丝玻璃、钢化玻璃、中空玻璃、加层玻璃、镀膜玻璃等
24	橡胶		
25	塑料		包括各种软硬塑料及有机玻璃等
26	防水材料		构造层次多或比例大时，采用上面图例
27	粉刷	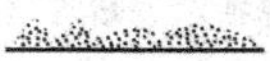	本图例采用较稀的点

④ 两个相邻的涂黑图例（如混凝土构件、金属件）间应留有空隙，其宽度不得小于 0.7mm，如图 1-44 所示。

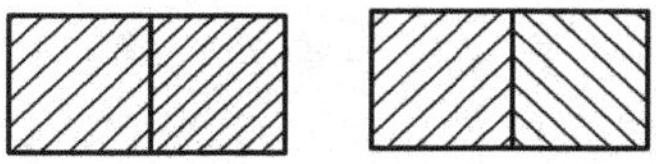

图 1-43　相同图例相接时的画法

图 1-44　相邻涂黑图例的画法

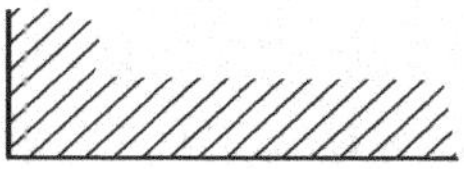

图 1-45　图例局部表示的画法

⑤ 下列情况可不加图例，但应加文字说明：一张图纸内的图样只用一种图例时；图形较小无法画出建筑材料图例时。

⑥ 需画出的建筑材料的图例面积过大时，可在断面轮廓线内，沿轮廓线作局部表示，如图 1-45 所示。

五、建筑施工图识读技巧

1. 建筑施工图识读方法

看建筑施工图时，必须掌握看图的方法。如果拿到一打图纸后，东看一下，西看一下，后看一下，前看一下，不分主次，不抓要点，必然耽误很长时间，且收效甚微。特别是对于初学的看图者来说，看到图面上各种线条纵横交错，各种图例、符号密密麻麻，可能一下子就有种头大的感觉。其实，只要掌握了相应的方法和技巧，看懂建筑施工图也并不是很困难的事情。

看图有个顺序，具体是："从上往下看，从左向右看，由外向里看，由大向小看，由粗到细看，图样与说明对照看，建施与结施结合看"。必要的时候，还可以结合设备施工图参照着看，这样才能收到较好的效果。

2. 建筑施工图识图的步骤

① 看施工图首先应看图纸的标题栏和目录，知道工程的名称，是哪个建设单位承建的，是哪个设计单位设计的，图纸一共有多少张等，从而对建筑图纸和建筑类型有个初步的了解。

② 按照图纸目录检查各类图纸是否齐全，图纸编号与图名是否相符，图纸齐全后就可以按照图纸的顺序看图了。

③ 看图顺序是先看设计总说明，了解建筑的概况；然后按照目录的排列顺序向下看，先看总平面图，确定建筑的位置、朝向、坐标、高程等；接着看一下立面图，大致明白建筑的层数、外观；想要知道得更详细，可以看建筑说明及建筑施工图目录，这些都看过之后，相信已对建筑有个初步的了解了。这时，就可以按照平面、立面、剖面、详图的顺序继续看下去。当然，看的时候，不是顺序不能改变，应循序渐进，由浅入深，前后贯穿，融会贯通。

当然，要想熟练地识读建筑施工图，不是一朝一夕的事情，除了要掌握必要的投影原理，熟悉国家制图标准外，还必须掌握各专业施工图的图示内容和表达方法。另外，经常到施工现场，对照图纸，观察实物，也是提高识图能力很简便的方法。

3. 学习建筑施工图识图注意要点

《建筑识图》作为建筑工程施工员与预算员的主要专业课程之一，其学习的效果直接影响到以后深入学习（如《建筑构造》、《建筑工程定额与预算》等）的质量，对建筑工程施工员与预算员的努力方向具有举足轻重的作用。要掌握好建筑识图的技巧和方法，初学者应从以下几个方面入手。

① 加强想象能力与思维能力的培养，在理解和记忆的基础上培养空间概念。

a. 对想象能力与思维能力的培养。初学者的想象能力与思维能力的高低在很大程度上决定着初学者对《建筑识图》内容的理解与掌握。想象又称为形象思维，可分为再造想象和创造想象两种形式。再造想象是指根据别人提供的词语描述或图形描述，在人脑中产生新形象的过程。在《建筑识图》的学习过程中，再造想象是最重要的一种思维方法。在学习时，应全方面地将空间形象（实物模型或轴测图）、理性形象（投影形状）、抽象概念（相关的定义、定理）三者结合起来，这样有利于学习者空间想象力的培养。《建筑识图》中投影部分的学习是培养空间想象力的重要阶段。如在学习几何体表面上点的投影时，可用实物反复演示以建立其理性形象，并熟记于心，这样就为以后学习组合体及坡屋顶打下良好的基础；另一方面是博闻强记，多看一些书，多看一些模型，尽可能在脑海中留下大量信息，并反复训练，进行对比联想和近似联想，做到触类旁通。

当然，学习建筑识图，仅有前面的形象思维是远远不够的，还需要有抽象思维的能力，因此在建筑识图学习中还应加强抽象思维能力的训练。抽象思维就是在脑海中把各种对象或现象之间的共同本质属性提取出来，并把这些共同的本质属性同其他属性分离开来，以揭示事物的本质特性和客观规律。在学习过程中，不仅要提出问题在心里思考，还要创造气氛和情境，激发自己提出各种相关问题，进行独立思考，帮助自己培养正确的思维方法和方式，弄清问题的实质，掌握其本质规律和特征。如把投影面平行线的投影特性总结为“直线平行投影面，此面投影实长线，其他两面之投影，平行轴线长变短”；对投影面垂直线的投影特性总结为“直线垂直投影面，此面投影重一点，其他两面之投影，垂直轴线实长线”，这些顺口溜式的总结，大家以后不看书就能很容易记忆和掌握，这就为识读以正投影原理为基础的建筑工程图奠定了基础。

b. 在理解和记忆的基础上培养自己的空间概念。在建筑识图中，正投影部分的基本内容是讲述图示原理和图形、物体间的相互转化规律。初学者对自己的要求是不仅能从空间出发进行投影的图示过程（即给出实物模型或轴测图画出三视图），而且能进行从图形到空间的逆过程（即根据给出的平面图形，想象或绘制空间物体的形状或轴测图）。对点、线、面而言，就是要根据其三视图判断其空间位置。这对那些刚刚学完投影基础知识的初学者来讲是比较困难的，原因是没有空间概念。因此，在学习时除帮助自己理解记忆外，更重要的是帮助自己建立空间概念。如在学习判断直线的空间位置时，第一，找点，即找三个投影中的点，若三个投影中有一个投影为点，即为投影面的垂直线，哪个面的投影为点，即为哪个面的垂直线；第二，无点找倾斜线，若三个投影中有一个投影为倾斜线，即为投影面的平行线，哪个面中的投影为倾斜线，即为哪个投影面的平行线；第三，若两个投影为倾斜线，则第三个投影肯定也是倾斜线，则此线肯定为一般位置直线。掌握了这种判断方法后，大家就可以很容易判断直线的空间位置了。

② 采用误谬式学习法，克服自己的“向书性”，提倡反向否定式思维模式。

传统的学习方法基本上是照书念、自己看的方式。这种讲、听、记、作、背、考的学习模式，会使大家逐渐形成牢固的“向书性”：只要是书本上说的，就是对的，无需进行分析判断；只要认真看、认真记，再通过联系实际加以消化即可。“向书性”是一种无刺激学习，很容易使大家的思维产生惰性，一味听取和单向接受，慢慢便会产生疲劳、厌倦。在识图学习中往往表现为一看就懂，对书本上的绘图示范方法与步骤都能理解，对国家标准及其他标准、规范更提不出异议，但在以后真正识图时常会感到困难。因此，克服“向书性”的最重要的方法就是让自己主动思考，积极参与学习过程。在学习中尝试采用误谬式学习法，提高自己的兴趣，学习效果更显著。误谬式学习法就是采用反向否定式思维，即通过纠正错误来肯定正确的学习方法，这是一种比较学习法。在学习中用自己最容易出现的错误方式进行演示、推导，让自己对书本的推导思路、作图方法的正确与否进行判断，通过自己开动脑筋，确定正确的，纠正错误的，将学到的知识进行巩固，这样就增加了学习的趣味性和积极性。例如，已知三角形 ABC 的 V、H 两投影，求作 W 投影。在学习时向自己演示一个错误的过程，然后让自己按正投影图的三等关系进行检查，从而引导自己进行纠正，解决难点“宽相等的确定”中易出现的错误，并最终得到正确答案。

③ 开拓新思路，设计新题型，充分调动自己的学习积极性。

在尝试一些识图练习时，对建筑识图配套的习题进行一系列的分析和练习工作，从真正的掌握情况来看，是卓有成效的。

a. 精简合并，一题多用。在练习建筑识图的过程中，将单一、繁多的同类题型，精选合并为少量的组合题型，如点组合题型、线组合题型、面组合题型等。这样，不但节省了时间，还加强了对各空间元素（点、线、面、体）间相对位置的理解。

b. 充分调动自己的学习积极性。立足于应用，重视识图的重要性，让自己强烈地意识到工程图是工程界的通用语言，识图是自己的看家本领；巧设情境，引而不发，在学习过程中通过精心设置问题和情境，引起自己求知的欲望，点燃思维火花，促使自己开动脑筋，积极结合书本，完成学习提高的过程；寓教于乐，以趣培志，结合学习内容，联系一些与建筑名词有关的趣事，以活跃脑细胞，提高自己的学习兴趣，如建筑中“女儿墙”一词的由来、何谓“墙裙”等，在想象故事的同

XXXX设计院

工 程 设 计 图 纸

图纸目录

序号	图号	图纸名称	图幅
1	建施-1	建筑设计说明　住宅经济技术指标 建筑构造用料做法表　门窗表　图纸目录	A2+1/2
2	建施-2	一层平面图	A2+1/2
3	建施-3	二~六层平面图	A2+1/2
4	建施-4	屋顶面图	A2+1/2
5	建施-5	南立面图	A2+1/2
6	建施-6	北立面图	A2+1/2
7	建施-7	2-2剖面图　3-3剖面图　4-4剖面图	A2+1/2
8	建施-8	1-1剖面图　楼梯详图　节点详图　TC1详图	A2+1/2

参 仿 标 准 图 集

序号	图集编号	图纸名称
1	92SJ704	门窗标准图集
2	05YJ5	散水
3	05YJ2	地面
4	05YJ11	厨房烟气道
5	05YJ9	女儿墙

建筑构造用料做法表

类别	序号	项目	采用标准图集及编号	备注
室内装修	1	内墙1	05YJ1P3内墙49	用于除厨房、卫生间外内墙面、外罩防瓷涂料
	2	内墙2	05YJ1P8内墙40	用于厨房、卫生间内墙面，200X300高档釉面砖，满贴
	3	地面1	05YJ1P地112	用于除厨房、卫生间所有地面，阳台地面内掺1.5%防水剂
	4	地面2	05YJ1P9地114	用于厨房地面
	5	地面3	05YJ1P2 地519	用于卫生间地面
	6	楼面1	05YJ1P楼126	用于除厨房、卫生间外的楼面，阳台楼面内掺1.5%防水剂
	7	楼面2	05YJ1P0楼127	用于厨房楼面，300×300防滑地砖，厨房楼面内掺1.5%防水剂
	8	楼面3	05YJP23楼182	用于卫生间楼面，300X300防滑地砖
	9	内墙顶窗台	05YJ1P8242	仅用于楼梯间、外阳台内墙面
	10	踢脚	05YJ7 (1/1)	用于除厨房、卫生间、楼梯间外的所有室内踢脚线
	11	墙裙	05YJ7 (4/5)	用于楼梯间墙裙，900高橘黄色乳胶漆
	12	1	05YJ1P177	用于木门、木扶手，木门乳白色，扶手红色
	13	2	05YJ1P8120	仅用于楼梯栏杆，黑色
	14	顶1	05YJ1P顶467	用于厨房，卫生间、阳台顶棚，外罩防瓷涂料
	15	顶2	05YJ1P顶367	用于除厨房，卫生间、阳台外所有顶棚
	16	内墙护角	05YJ7 (1/14)	R=20
室外装修	17	楼梯栏杆、扶手	05YJ8 (D/31) (9/21)	立杆间距不大于110，立杆ϕ18钢筋
	18	屋面1	05YJ1P9B1屋(2-40-F	不上人平屋面
	19	外墙1	05YJ1P18外墙49	用于所有外墙，颜色见立面分区
	20	散水	05YJ9-1 (3/51)	900,150厚3:7灰土
	21	坡道	05YJ9-1 (4/53)	用于楼梯间入口处，60厚C15混凝土

××建筑设计有限公司		工程名称		工程号	
项目负责	专业负责	建设单位		图别	建筑
专业审定	设计	图名		图号	建施-1
校对	制图			日期	

(a) 建施一　建筑总说明

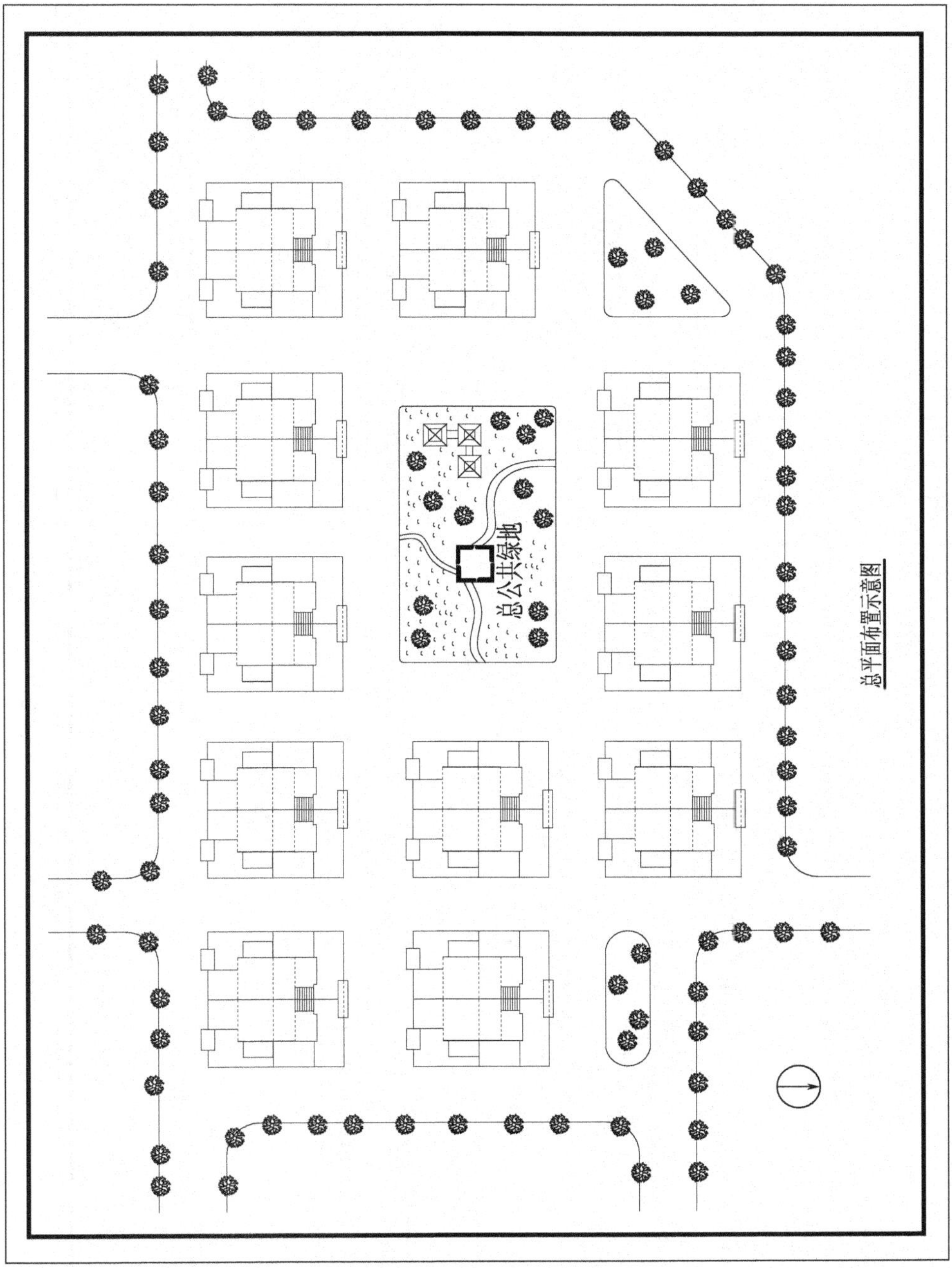

(b) 建施二　建筑总平面图

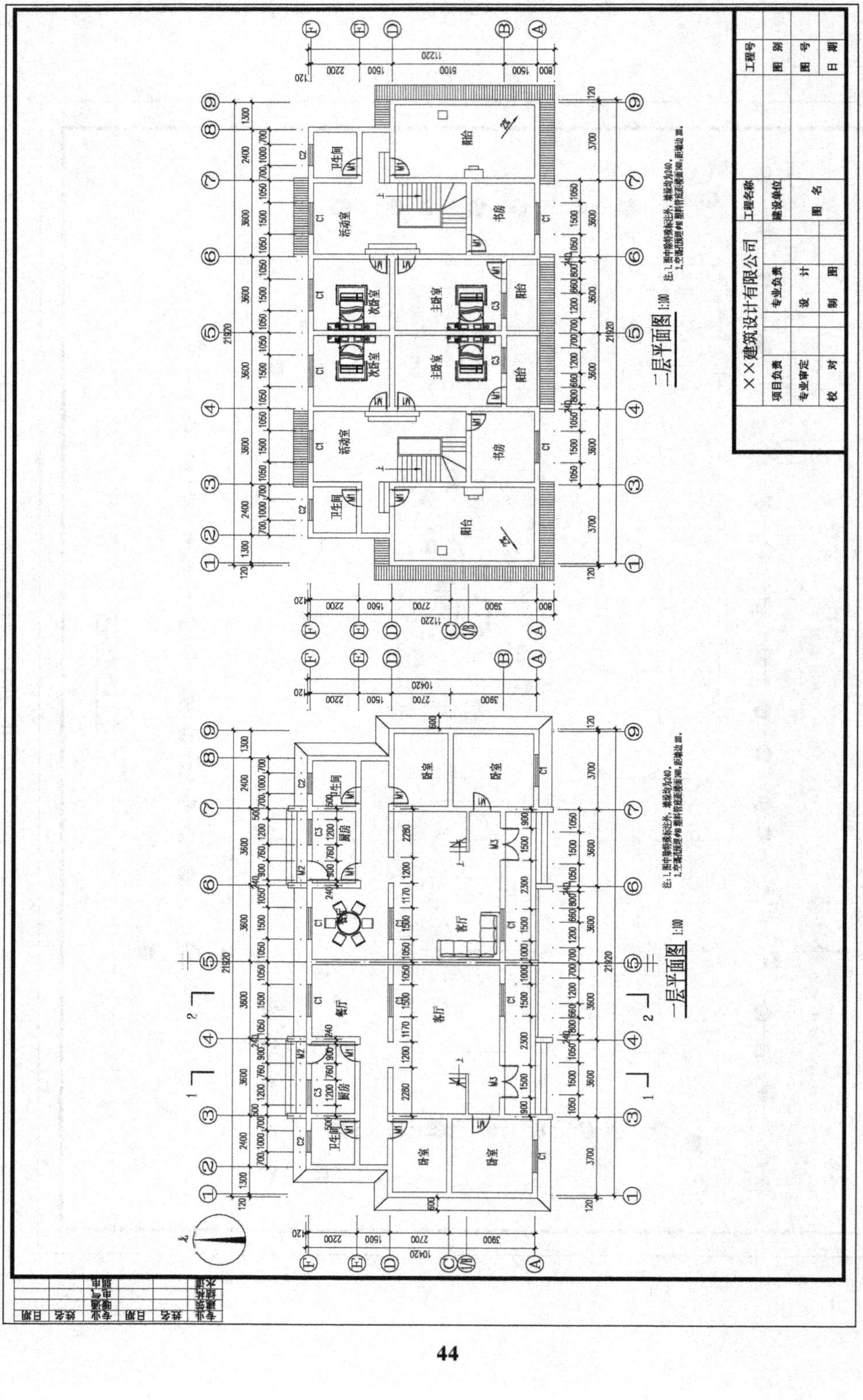

(c) 建施三　建筑一二层平面图

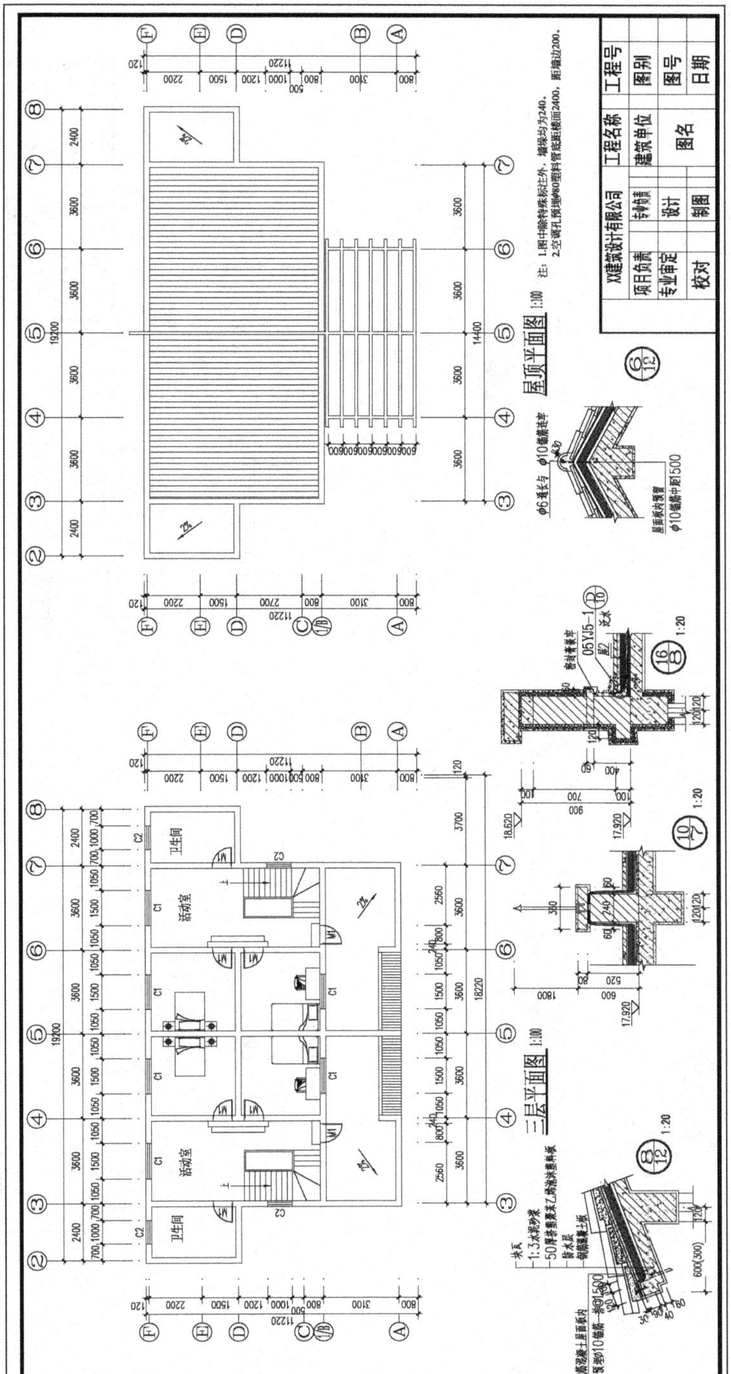

(d) 建施四 建筑顶层及屋顶平面图

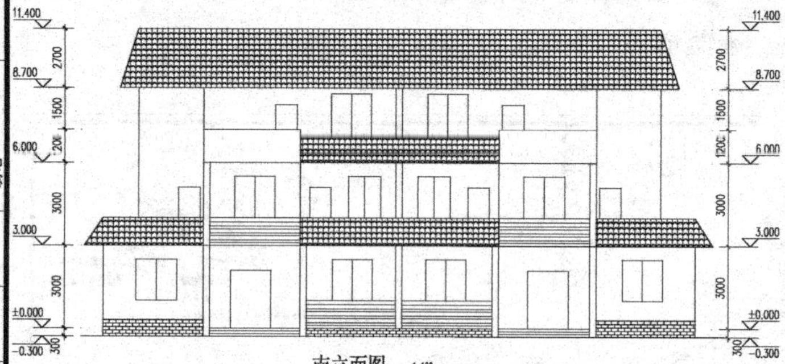

南立面图 1:100

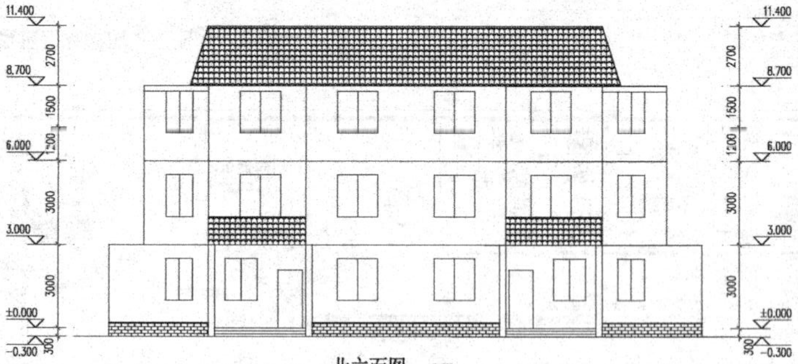

北立面图 1:100

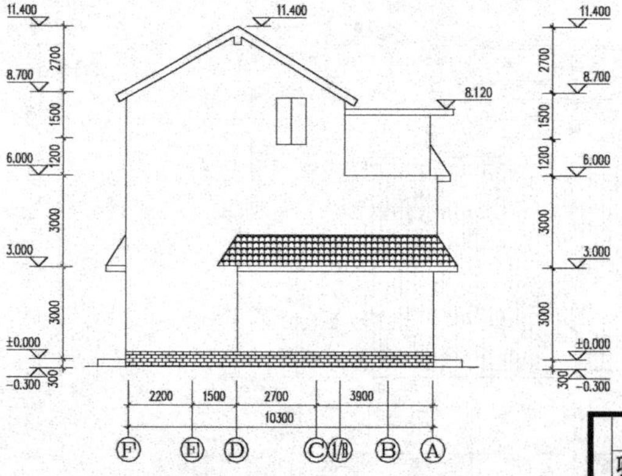

西立面图 1:200

门窗统计表

类型	门窗编号	洞口尺寸 宽	洞口尺寸 高	樘数	所采用标准图集及编号 图集编号	所采用标准图集及编号 编号	备注
门	M-1	800	2400	28	88ZJ601	M11-0924	
	M-2	900	2400	2	88ZJ601	M11-1524	
	M-3	1500	2400	2	88ZJ601	M11-1524	
窗	C-1	1200	600	14	98ZJ721	TLC 70-G	
	C-2	1500	1500	8	98ZJ721	TLC 70-12-1	
	C-3	1200	1500	4	98ZJ721	TLC 70-12-2	

XX建筑设计有限公司		工程名称		工程号	
项目负责	专业负责	建筑单位		图别	
专业审定	设计	图名		图号	
校对	制图			日期	

专业	姓名	日期	专业	姓名	日期
建筑			暖通		
结构			电气		
水道			弱电		

(e) 建施五 建筑立面图及门窗表

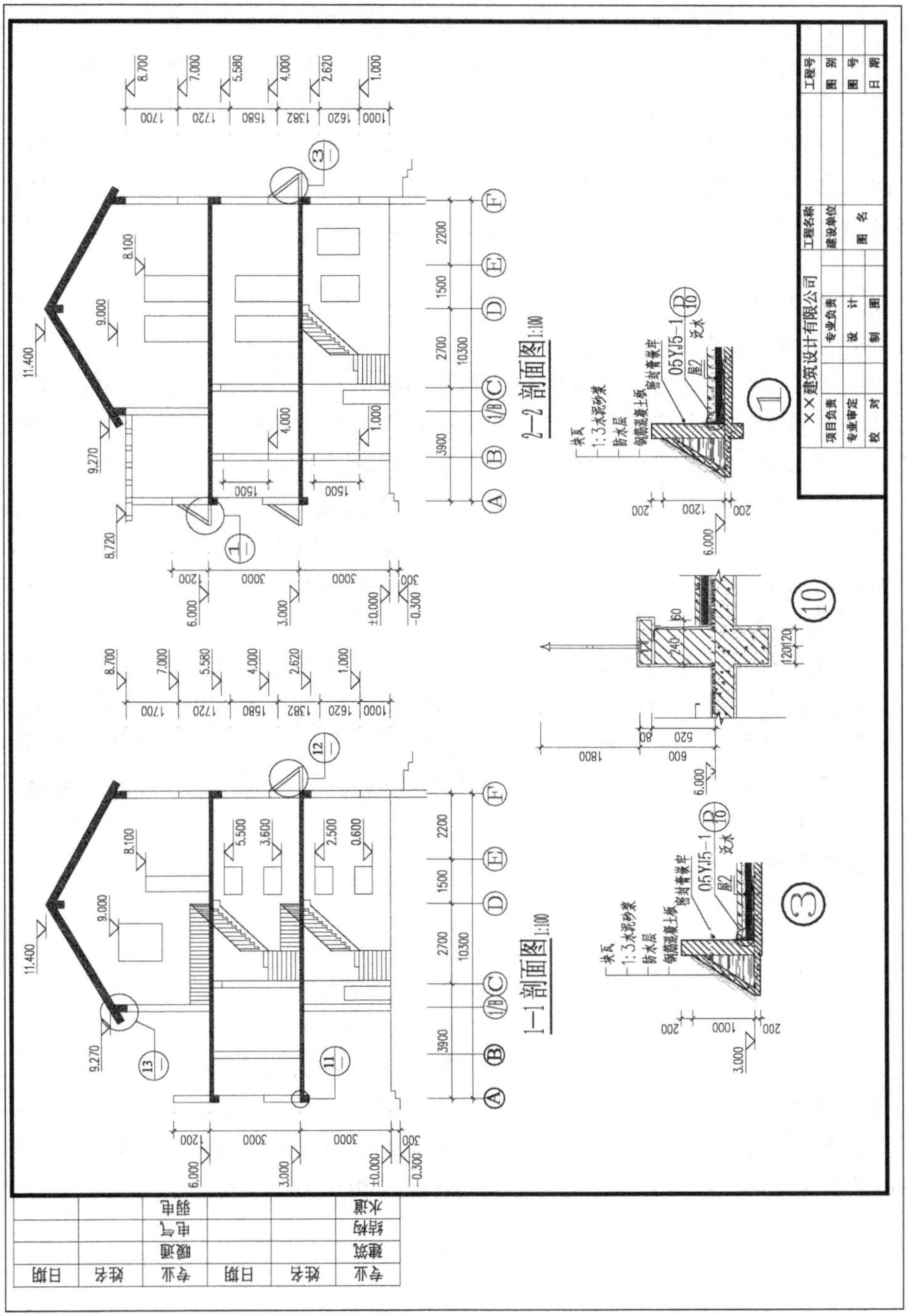

(f) 建施六　建筑剖面图

图1-46　一套完整的建筑施工图

时，学习建筑专业知识。

④“实践出真知”，通过实物和现场学习，理论联系实际，提高学习质量。

在学习过程中，充分利用已有的模型、实物等进行学习，并亲自到已竣工的或正在施工的工地上参观，增加自己的感性认识，使自己能把从课本中学到的知识与工程实践结合起来，从而进一步理解和巩固所学到的建筑识图等专业知识。

总之，建筑识图的学习必须掌握其特点，熟知国家建筑制图标准，努力培养自己的空间概念及识图能力，理论联系实际，遵循学习规律，注重学习方法，具体问题具体分析。只有这样，才能让自己成为适合建筑业实际需要和发展的合格的建筑技术人才。

4. 建筑施工图实例

图 1-46 所示为一套完整的建筑施工图。

位于图纸第一张的是建筑总说明。首先是图纸目录，它表明了建筑图纸的总页数及每页的图样名称和顺序；下面是本图所用到的需参考的标准图集；然后是建筑设计说明以及构造的做法等。总之，第一张施工图纸是对整个建筑图的概括。

建施二是一张总平面图，它标明建筑所处的位置及其与周围环境的关系；建施三包括了一层和二层平面图；建施四包括了三层和屋顶排水平面图以及建筑节点详图；建施五包括了建筑的南立面图、北立面图、西立面图和门窗表；建施六包括了建筑的 1—1 剖面图、2—2 剖面图和建筑节点详图。

由于该房屋建筑工程规模较小，厨房、卫生间布局较为简单，楼梯的构造也不复杂，所以在建筑详图中并没有单独画出墙身详图、厨卫大样图和楼梯详图，只是将建筑的局部节点做了大样图表达。建筑工程图纸的具体画法是根据建筑工程的复杂程度而定的。有的个人住宅房屋，因其周围环境简单，总平面图也可以省略不画，施工时参考土地使用证的位置即可。

六、要诀及释义

1. 要诀

要想认识施工图，了解投影别知足；
但是投影最基础，正面、立面和侧面；
识图技巧要读熟，这样识图难不住；
看图需要多巩固，需要认真看和读。

2. 要诀释义

了解投影是认识施工图的基础；投影法可分为中心投影法和平行投影法；正投影图具有许多特点，主要有反映真实、聚集性、相似性、平行性、定比性和从属性。

第二章　建筑施工图的组成

第一节　建筑施工图的组成要素

一、建筑施工图的内容

大体上建筑施工图包括以下部分：图纸目录，门窗表，建筑设计总说明，建筑总平面图，一层至屋顶平面图，正立面图，背立面图，左侧立面图，右侧立面图，剖面图（根据工程需要可能有几个剖面图），节点大样图及门窗大样图，楼梯大样图（根据功能需要可能有多个楼梯及电梯）。

二、各组成部分的主要作用

1. 图纸目录及门窗表

图纸目录是了解整个建筑设计的整体情况的目录，从中可以明确图纸数量及出图大小和工程号，还有建筑单位及整个建筑物的主要功能。如果图纸目录与实际图纸有出入，必须与建筑设计部门核对情况。门窗表包括门窗编号、门窗尺寸及其做法，这在计算结构荷载时是必不可少的。

2. 建筑设计总说明

建筑设计总说明主要用来说明图样的设计依据和施工要求，这对结构设计是非常重要的，因为建筑设计总说明中会提到很多做法及许多结构设计中要使用的数据，如建筑物所处位置（结构中用以确定抗震设防烈度及风载、雪载）、黄海标高（用以计算基础大小及埋深桩顶标高等，没有黄海标高，施工中根本无法施工）及墙体做法、地面做法、楼面做法等（用以确定各部分荷载）。总之，看建筑设计总说明时不能草率，这是检验结构设计正确与否非常重要的一个环节。

3. 建筑总平面图

总平面图表明新建工程在基底范围内的总体布置。它主要表示原有和新建房屋的位置、标高、道路布置、构筑物、地形、地貌等，是新建房屋定位、施工放线、土方施工以及水、电、暖、煤气等管线施工总平面布置的依据。

4. 建筑平面图

建筑平面图是将房屋从门窗洞口处水平剖切后，俯视剖切平面以下部分，在水平投影面所得到的图形，比较直观，主要信息就是柱网布置、每层房间功能墙体布置、门窗布置、楼梯位置等。一层平面图在进行上部结构建模中是不需要的（有架空层及地下室等除外），一层平面图在做基础时使用，至于如何真正地做结构设计本文不详述，这里只讲如何看建筑施工图。作为结构设计师，在看平面图的同时，需要考虑建筑的柱网布置是否合理，不当之处应讲出理由并说服建筑设计人员进行修改。看建筑平面图，了解了各部分建筑功能，对结构上活荷载的取值心中就有大致的值了，了解了柱网及墙体门窗的布置，柱截面大小、梁高以及梁的布置也差不多有数了。墙的下面一定有梁，除非是甲方自理的隔断，轻质墙也最好是立在梁上。值得一提的是，注意看屋面平面图，通常现代建筑为了外立面的效果，都有层面构架，比较复杂，需要仔细地理解建筑的构思，必要的时候还要咨询建筑设计人员或索要效果图，力求使自己明白整个构架的三维形成是什么样子的，这样才不会出错。另外，层面是结构找坡还是建筑找坡也需要了解清楚。

5. 建筑立面图

建筑立面图是建筑物在与外墙面平行的投影面上的投影，一般是从建筑物的四个方向所得到的投影图。根据具体情况可以增加或减少。对建筑立面的描述，主要是外观上的效果，提供给结构师的信息，主要是门窗在立面上的标高布置、立面布置、立面装饰材料及其凹凸变化。屋顶的外形、详图索引符号中，通常有线的地方就有面的变化，再就是层高等信息，这也是对结构荷载的取定起作用的数据。

6. 建筑剖面图

建筑剖面图是建筑物沿垂直方向向下的剖面图。画建筑剖面图时，常用一个剖切平面剖切，必要时可用两个平行的剖切平面剖切。剖切部位应选在能反映房屋全貌和构造特征以及有代表性的地方。剖切符号一般绘制在底层平面图中，常通过门窗洞和楼梯进行剖切。它的作用是对无法在平面图或立面图中表述清楚的局部进行剖切以表述清楚建筑设计师对建筑物内部的处理，结构工程师能够在剖面图中得到更为准确的层高信息和局部地方的高低变化，剖面信息直接决定了剖切处梁相对于楼面标高的下沉或抬起，又或有错层梁、夹层梁、短柱等。同时对窗顶是用框架梁充当过梁还是需要另设过梁有一个清晰的概念。

建筑剖面图与建筑立面图、建筑平面图相互配合，表示房屋的全局。建筑平、立、剖面图是建筑施工中最基本的图样。

7. 节点大样图及门窗大样图

为表明细部的详细构造和尺寸，用较大比例画出的图样，称为详图及大样图或节点图。

建筑设计者为了更为清晰地表述建筑物的各部分做法，以便施工人员了解设计意图，需要对构造复杂的节点绘制大样图以说明其详细做法，不仅要通过节点图进一步了解建筑师的构思，更要分析节点画法是否合理，能否在结构上实现，然后通过计算验算各构件尺寸是否满足要求，配出钢筋用量。当然，有些节点是不需要结构师配筋的，但结构师也需要确定该节点能否在整个结构中实现。门窗大样图对于结构师来说作用不是太大，但个别特别的门窗，结构师需绘制立面上的过梁布置图，以便于施工人员对此种特殊的门窗过梁有一个确定的做法，避免产生施工人员理解上的错误。

8. 楼梯大样图

楼梯大样图表示楼梯的组成结构、各部位尺寸和装饰做法，一般包括楼梯间平面详图、剖视大样图及栏杆、扶手大样图。这些大样图尽可能画在同一张图纸上。另外，楼梯大样图一般分建筑详图和建筑结构图两种，分别绘制，编入建施和结施中。

楼梯是每一个多层建筑必不可少的部分，多采用预制、现浇混凝土楼梯，楼梯大样图又分为楼梯各层平面图和楼梯剖面图，结构师需要仔细分析楼梯各部分是否能够构成一个整体。在进行楼梯计算时，楼梯大样图就是唯一的依据，所有的计算数据都来自于楼梯大样图。所以，在看楼梯大样图时必须将梯梁、梯板厚度和楼梯结构考虑清楚。

9. 外墙节点大样图

外墙节点大样图是建筑墙身的局部放大图，详尽地表达了墙身从局部防潮层到屋顶的各个主要节点的构造和做法，一般使用标准图集。

三、建筑说明

1. 建筑说明主要表达的内容

（1）设计依据

① 设计合同以及开发商的设计要求文件。

② 政府职能部门就本工程的批本：规划报批、设计红线图、建筑工程消防设计审核意见。

③ 得到开发商确认，获各主管部门批准的初步设计图纸。

④ 国家有关建筑设计规范。

《民用建筑设计通则》(GB 50532—2005)

《住宅建筑设计规范》(GB 50096-199：2003)

《建筑设计防火规范》(GBJ 16-87：2001)

《高层民用建筑设计防火规范》(GB 50045—95：2001)

《屋面工程技术规范》(GB 50207—94)

《建筑防水工程技术规范》(JGJ 48—88)

《商店建筑设计规范》(JGJ 48—88)

《城市居住区规划设计规范》(GB 50180—93)

《城市道路和建筑物无障碍设计规范》(JGJ 50—2001)

《汽车库建筑设计规范》(JGJ 100—1998)

《汽车库，修车库，停车场设计防火规范》(GB 50067—1997)

《人民防空地下室设计规范》(GB 50038—94)

⑤ 国家及工程所在地的其他行政规范、规定和标准。

（2）工程概况及规模

① 建筑的性质及结构形式。

② 建筑层数、规模及类别。

③ 耐火等级。

④ 屋面防水等级。

⑤ 结构类型。

⑥ 使用耐久年限。

⑦ 抗震设防烈度等。

（3）建筑构造及做法（举例说明）

① 墙体：砖混结构的墙体采用机制中砖（240mm×115mm×90mm MU10）砌筑，外墙及分户墙为240mm厚，户内隔墙为150mm厚，框架结构的填充墙采用小型混凝土砖渣空心砌块（240mm×190mm×120mm MU10）砌筑，外墙及分户墙为190mm厚，户内隔墙为120mm厚；用M7.5混合砂浆砌筑。首层无地梁处的墙身防潮层设于室内标高－0.060处，抹20mm厚1∶2防水水泥砂浆（掺3%防水剂）。

② 楼地面：所有厨房、卫生间、阳台的楼地面标高均低于本层楼面20mm，并向地漏做0.5%的坡度。

③ 门窗：门窗洞口尺寸、材质及数量详见门窗表和门窗大样图。铝合金门窗选用图集98ZJ721。固定或平开窗选用70系列，推拉窗选用90系列。玻璃选用5mm厚透明平板玻璃，大于1.5m^2 的单块玻璃应使用建筑安全玻璃；离楼地面500mm高以下的外墙窗应使用建筑安全玻璃。门窗细部尺寸及五金配件根据行业具体制作要求确定，具体构造由选定的厂家按有关技术规范及甲方的档次要求进行加工制作。外门及窗立樘位置居中，内门与开启方向墙面平，门开启方向见平面图。平面图中未注明的门垛均为60mm或120mm。所有低于900mm的窗台，均做900mm高的护窗栏杆。所有带管道井、设备间的门均采用乙级钢质防火门，定购成品。门下设120mm高、120mm宽砖砌门槛。建施图中标注的门窗尺寸均为土建洞口尺寸。门窗制作及安装应量现场实际洞口尺寸后方可进行。所有户内门（包括厨房铝合金拉门）均由住户自行购买安装。

④ 油漆：普通木门刮腻子底，一底二度调和漆。所有金属制品外露部分用红丹防锈漆打底，面刷调和漆二度，颜色同墙面色，不外露的金属制品刷红丹二度，刷底漆前应先除锈。

⑤ 节能设计：本设计中建筑物体型系数为0.29，所有外墙均用50mm厚聚苯乙烯保温板，外墙门窗采用70系列（5＋10＋5）中空玻璃塑钢窗。

⑥ 其他相关说明如下。

建筑物相对标高±0.000相对应的绝对标高值见总平面图，除已标明的外，本套图纸内所标标高均为结构面标高。所注标高均以m为单位，其余尺寸均以mm

为单位。

本套图中平、立、剖面图中未详的楼梯、电梯井、厨房、卫生间、其他节点的尺寸、做法、布置等详见相应的大样图。

本套图纸中的结构件的具体尺寸和定位详见结施，相关尺寸与结施不一致时则以结施为准。本套图纸中的给排水配件的具体位置详见水施，具体布置与水施不一致时以水施为准。

住宅厨房排烟道采用河南省通用建筑标准设计 2000YJ205《住宅厨房卫生间烟气集中排风道》图集，预留孔洞、围护结构的做法见平面图，其他做法详见标准图集。

未注明的阳台楼地面较相邻楼地面下降 80mm，未注明的设蹲厕的卫生间结构面下降 500mm，设坐厕的卫生间结构面下降 400mm，完面向地漏方向设建筑找坡 1%。

室内墙、柱、洞口等阳角一律做 20mm 厚 1：2 水混砂浆护角，高 1800mm，每侧宽 60mm，细部线脚及凸出构件均做滴水线，高 20mm，宽 15mm。

所有预埋木砖均应做防腐处理。

预留孔洞及预埋件，应与相关专业图纸核对无误后再施工。

各类有色彩、质感要求的装饰面材，应先备样品或制作样板，经设计人员确认后方可购用，饰面材料应一次备足以防质地不均一。

施工过程中，若有变更设计的要求，应及时与设计人员联系，征得同意后方可施工。

防火门、防盗门、卷帘门等特殊加工门窗埋件由制作厂家提供。

凡室内经常有水的房间的楼（地）面排水坡度不应小于 1%，坡向地漏。

外墙的腰线、檐板、窗台上部做排水坡，与墙面交角下成半径 50mm 的圆角，下沿做滴水。

汇水口周围 500mm 直径范围内坡度为 5%。

穿过外墙防水层的管道采用套管。

本工程电梯品牌和型号的选用由开发商选定。电梯的预埋、预留孔及安装等详见电梯厂家出具的专业图纸。

KD 表示预埋 ϕ80mm UPVC 套管，用于安装分体式空调机，洞外侧比内侧低 30mm，离地 2000mm 设置或离地 300mm（柜式空调）设置。

所有临空的栏杆，栏杆高度不小于 1050mm（从完成后的可踏面算起），栏杆构造必须不易于攀爬，竖杆之间的净距不大于 110mm。

施工操作的全过程均应严格按国家有关规范和规定进行，业主若需要进行精细装修则应另外委托进行装修施工图设计，建筑材料及装饰材料的选用必须符合《民用建筑工程室内环境污染控制规范》。

根据建设单位的要求，所有住宅户内装修标准按照“毛坯房”进行设计。

2. 建筑说明实例解析

下面是某单位住宅楼建筑设计说明。

① 本工程为某单位职工宿舍楼，砖混结构，地上六层，地下一层，建筑面积 3125.04m^2。

② 本工程耐火等级为一级，屋面防水等级为二级，耐火年限50年，体型系数0.28。

③ 本工程抗震设防烈度为7度。

④ 本工程±0.000相当于绝对标高725.6m。

⑤ 门窗。

a. 除注明外，所有门窗均居墙中，预埋木砖防腐处理，预埋铁件防锈处理。

b. 塑钢门窗选自JSMC-98-(2)，木门选自88ZJ601，隔断及木质推拉门、防盗门、防火门由甲方订货。

c. 窗台板采用水磨石窗台板，窗帘盒由甲方订货。

⑥ 墙体。

a. 主墙体采用240mm的砖墙，轻质隔墙选自98ZJ521，加气混凝土砌块墙选自97YJ406。

b. 钢筋混凝土过梁，洞口宽度小于500mm的墙体留洞采用加筋砖过梁。

⑦ 内装修。

a. 门窗洞口及室内墙体阳角抹1∶2水泥砂浆护角，高度为1800mm，每侧宽度不小于50mm。

b. 厨房及卫生间设施未注明者均由甲方订货。

c. 楼梯扶手采用98ZJ401中6页Y节点。所有户外楼梯顶层水平段栏杆高为1050mm。

⑧ 外装修。

a. 瓷砖墙面采用60mm×200mm瓷砖，横向错缝粘贴，颜色同立面标注。

b. 外墙变形缝做法见98ZJ111中5页21节点。

c. 雨篷做法见98ZJ901中20页4节点。

d. 地下室及一层外窗均设护窗栏杆，做法由甲方自定。

⑨ 厨房、卫生间、阳台均低于楼面20mm。

⑩ 遇同一墙面或楼面因预制、现浇混凝土板的装修做法不同，而使厚度不同时，其厚度应按较大值调整一致，以使面层平整。

⑪ 施工时各专业图样对照施工，注意各专业预埋件及开孔留洞，避免事后挖凿，以确保施工质量。

⑫ 若施工时发现各专业图样之间有冲突，请及时与设计单位联系，经协商确定后再进行施工。

⑬ 本工程施工过程中，必需按照国家颁布的现行《建筑安装施工验收规范》及我省《建筑安装工程技术操作规程及有关补充》要求进行施工。

四、图纸目录

1. 总图纸目录的内容

总图纸目录的内容包括：总设计说明、建筑施工图、结构施工图、给水排水施工图、暖通空调施工图、电气施工图等各个专业的每张施工图纸的名称和顺序。

2. 各专业图纸目录的内容及位置

建筑施工图排在各专业的最前端，它包含：图纸目录，门窗表，建筑设计总说明，总平面图，一层至屋顶平面图，正立面图，背立面图，东立面图，西立面图，剖面图，节点大样图，门窗大样图，楼梯大样图。图纸目录位于建筑施工图的首要位置，它将施工图纸的建筑部分按顺序排列，列成表格。图纸目录一般分专业编写，如建施-××、结施-××、暖施-××、电施-××等。

结构施工图排在建筑施工图之后，因为只有看过建筑施工图，脑海中形成建筑物的立体空间模型后，看结构施工图的时候，才能更好地理解其结构体系。它包含：结构设计总说明，基础平面图和基础详图，结构平面图，梁、柱配筋图，楼梯配筋图。

然后是设备施工图（包含给水排水施工图、暖通空调施工图、电气施工图），它们基本上都是按设计说明、施工说明、图例和设备表、设备平面图、系统图和详图的顺序编排的。

3. 图纸目录的要点

要用标准的 A4 图纸，页边距要相同。建设单位、工程名称一定要与图纸对应，且字形、字体大小也要相同。目录中的图名要与图纸中的完全一致，一个字都不能偏差。此外，还要注意排版和序号。

4. 图纸目录的实例

图纸目录见表 2-1。

位于图纸目录的最左边的是建施（建筑施工图），共有十二张图纸按照顺序排列。第一张便是建施中的目录及建筑设计说明，它详细介绍了本建筑工程的类别、规模、各种构造的做法等。第二张是建施中的总平面图，它标明了建筑所处的位置和朝向。第三张是建施中的节能设计和门窗表，它汇集了整个工程所用门窗的个数和类型，节能设计主要是外墙外保温、屋面保温等一些为保温隔热采取的措施。第四张到第七张是建筑的各层平面图（从底层到顶层），它显示出建筑内部房间的划分、门窗的位置等。第八张到第十张是建筑的各个方向上的立面图，主要表达了建筑的外观样式。第十一张是建筑的两个剖面图，它显示了房屋的内部构造及楼梯间、出入口等重要部位的标高和做法等。第十二张是建筑的楼梯详图，它将剖面图中不能表达清楚的楼梯间的踏步个数及高度、扶手、转向平台、梯梁等的尺寸、标高在楼梯详图中详细标示。

结施、电施、水施、暖施等专业的图纸目录模式与建施一样，这里不再进行更多的详细介绍。

表 2-1　图纸目录

图别	图号	图　　名	图别	图号	图　　名	图别	图号	图　　名
建施	1	目录　建筑设计说明	结施	1	结构设计总说明	水施	1	材料统计表　图例表说明　平面详图　给水系统图
建施	2	总平面图	结施	2	基础平面布置图　基础详图	水施	2	一层给水排水平面图
建施	3	节能设计　门窗表	结施	3	3.270m 层结构平面布置图	水施	3	二～四层给水排水平面图
建施	4	一层平面图	结施	4	6.570～13.170m 层结构平面布置图	水施	4	五层给水排水平面图
建施	5	二层平面图	结施	5	16.470m 层结构平面布置图	水施	5	排水系统图　消火栓系统图
建施	6	三～五层平面图	结施	6	楼梯配筋图	暖施	1	一层采暖平面图
建施	7	屋顶平面图	电施	1	设计说明　主材料　强电弱电系统图	暖施	2	二～四层采暖平面图
建施	8	背立面图	电施	2	一层照明平面图	暖施	3	五层采暖平面图
建施	9	北立面图	电施	3	二～五层照明平面图	暖施	4	采暖系统图(一)
建施	10	东立面图　卫生间详图	电施	4	屋顶防雷平面图	暖施	5	采暖系统图(二)
建施	11	1—1 剖面图 2—2 剖面图	电施	5	一～五层电话平面图	暖施	6	设计说明　材料统计表　图例表
建施	12	楼梯详图						

五、要诀及释义

1. 要诀

施工图的组成多，各个部分详细说；
看图清晰又明了，操作起来不出错；
图纸目录门窗表，看图简便不能少；
平面、立面和剖面，节点详图也要到；
楼梯详图细部作，细部看清规范做。

2. 要诀释义

建筑施工图的组成有很多，包括以下部分：图纸目录、门窗表、建筑设计总说明、建筑平面图、一层至顶层平面图、正立面图、背立面图、左侧立面图、右侧立面图、剖面图、节点大样图、门窗大样图和楼梯大样图。

第二节　建筑总平面图

一、建筑总平面图的基本知识

1. 建筑总平面图的概念

建筑总平面图是在建筑基底的地形图上，把已有的、新建的和拟建的建筑物、构筑物以及道路、绿化用地等按与地形图同样的比例绘制出来的平面图，主要表明新建建筑物的平面形状、层数、室内外地面标高，新建道路、绿化、场地排水和管线的布置情况，出入口示意、附属房屋和地下工程位置及功能，与道路红线及城市道路的关系，耐火等级，并标明原有建筑、道路、绿化用地等和新建建筑物的相互关系以及环境保护方面的要求。对于较为复杂的建筑总平面图，还可分项绘出竖向布置图、管线综合布置图、绿化布置图等。根据工程规模，总平面图的比例一般为(1∶500)～(1∶200)。

2. 建筑总平面图的主要内容

① 原有基地的地形图（等高线、地面标高等）；如果地形变化较大，应画出相应的等高线。

② 周围已有的建筑物、构筑物、道路和地面附属物。通过周围建筑概况了解新建建筑对已建建筑造成的影响和作用，离相邻原有建筑物、拆除建筑物的位置或范围。

③ 指北针或风向玫瑰图。指北针主要表明了建筑物的朝向，图 2-1(a) 所示为指北针的形状，它的外圆直径为 24mm，用细实线绘制，指针尾部的尺寸宜为 3mm，指针的头部应注明“北”或“N”字样。如需要用较大尺寸绘制指北针时，指针尾部的宽度宜为圆直径的 1/8。

在总平面中通常画有带指向北的风向频率玫瑰图（风玫瑰），用来表示该地区常年的风向频率和风速，如图 2-1(b) 所示。风玫瑰是根据当年平均统计的各个方向吹风次数的百分数，按一定比例绘制的，风的吹向是从外吹向中心。实线表示全年风向频率，虚线表示按 6、7、8 三个月统计的风向频率。明确风向有助于建筑构造的选用及材料的堆场，如有粉尘污染的材料应堆放在下风位。

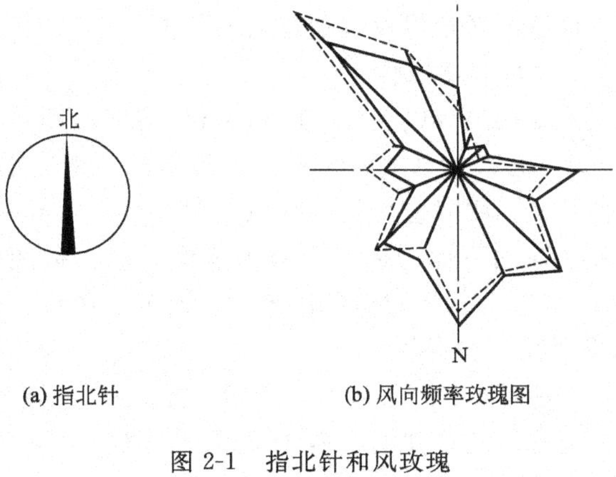

(a) 指北针　　(b) 风向频率玫瑰图

图 2-1　指北针和风玫瑰

风玫瑰图可以分为风向玫瑰图和风速玫瑰图两种，一般多用风向玫瑰图。风向玫瑰图表示风向和风向的频率。风向频率是在一定时间内各种风向出现的次数占所有观察次数的百分比。根据各方向风的出现频率，以相应的比例长度，按风向中心吹，描在用8个或16个方位所表示的图上，然后将各相邻方向的端点用直线连接起来，绘成一个形式宛如玫瑰的闭合折线，就是风向玫瑰图。风向玫瑰图中线段最长者即为当地主导风向。建筑物的位置朝向和当地主导风向有密切关系。如把清洁的建筑物布置在主导风向的上风向；把污染建筑布置在主导风向的下风向，以免受污染建筑散发的有害物的影响。风玫瑰图是一个地区，特别是平原地区风的一般情况，由于地形、地面情况往往会引起局部气流的变化，使风向、风速改变，因此在进行建筑总平面设计时，要充分注意到地方小气候的变化，在设计时善于利用地形、地势，综合考虑对建筑的布置。

④ 新建建筑物、构筑物的布置。新建建筑物的定位方式有三种：第一种是利用新建建筑物和原有建筑物之间的距离定位；第二种是利用施工坐标确定新建建筑物的位置；第三种是利用新建建筑物与周围道路之间的距离确定新建建筑物的位置。此外，还需注明新建房屋底层室内地坪和室外整平地坪的绝对标高。

⑤ 周围环境。包括建筑附近的地形、地物等，如道路、河流、水沟、池塘、土坡等。应注明道路的起点、变坡、转折点、终点以及道路中心线的标高和坡向等。

⑥ 绿化及道路。在总平面图中，绿化及道路反映的范围较大，常用的比例为1∶300、1∶500、1∶1000、1∶2000等。

3. 建筑总平面图的作用

建筑总平面图是新建房屋以及设备定位、施工放线的重要依据，也是水、暖、电、天然气等室外管线施工的依据。它表明了新建房屋的位置、朝向、与原有建筑物的关系，以及周围道路、绿化和给水、排水、供电条件等方面的情况，是新建房屋施工定位、土方施工、设备管网平面布置，安排施工时进入现场的材料和构件、配件堆放场地、构件预制的场地以及运输道路的依据。

4. 建筑总平面图上的各种图例

总平面图是月正投影的原理绘制的，图形主要以图例的形式表示，总平面图的图例采用GB/T 50103—2001《总图制图标准》规定的图例，表2-2给出了部分常用的总平面图图例符号，画图时应严格执行该图例符号，如图中采用的图例不是标准中的图例，应在总平面图下面说明。图线的宽度，应根据图样的复杂程度和比例，按GB/T 50001—2001《房屋建筑制图统一标准》中图线的有关规定执行。

5. 识读建筑总平面图应注意的事项

注意图纸比例，一般都是1∶500、1∶1000。指北针、总平面图的标识一定要标明。主要技术经济指标包括：规划总用地面积、总建筑面积、建筑基底面积、建筑密度、绿化率、容积率等。

图纸内容包括：规划道路、坐标、用地范围线、主次入口、层高、主次建筑、停车场、绿化、标高、详细尺寸线（道路中心线到建筑外墙的距离、道路的距离及建筑物的长、宽）。

表 2-2　总平面图图例

序号	名称	图　　例	备　　注
1	新建建筑物		1. 需要时，可用▲表示出入口，可在图形的右上角用点数或数字表示层数 2. 建筑物外形（一般以±0.00 高度处的外墙定位轴线或外墙面线为准）用粗实线表示。需要时，地面以上建筑用中粗实线表示，地面以下建筑用细虚线表示
2	原有建筑物	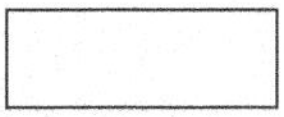	用细实线表示
3	计划扩建的预留地或建筑物		用中粗虚线表示
4	拆除的建筑物		用细实线表示
5	原有道路		用细实线表示
6	计划扩建的道路	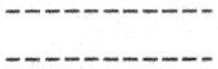	用中虚线表示
7	拆除的道路	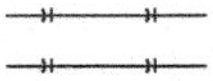	用细实线表示
8	新建道路	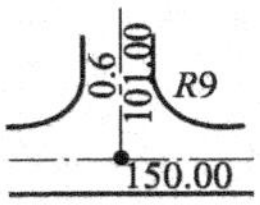	“R9”表示道路转弯半径为 9m “150.00”为路面中心控制点标高 “0.6”表示 0.6%的纵向坡度 “101.00”表示变坡点间距离
9	建筑物下面的通道	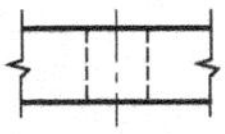	
10	铺砌场地	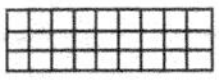	
11	围墙及大门	 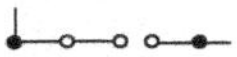	上图为实体性质的围墙，下图为通透性质的围墙，只表示围墙时不画大门
12	台阶	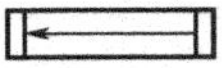	箭头指向表示向下
13	雨水口		
14	水塔、储罐	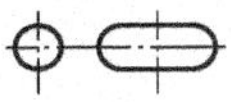	
15	消火栓井		
16	过水路面		

续表

序号	名称	图　　例	备　　　　注
17	室内标高	151.00(±0.00) ▽	
18	室外标高	●143.00▼143.00	室外标高也可以采用等高线表示
19	人行道		
20	散装材料露天堆场	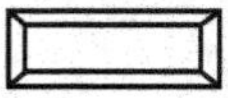	需要时可注明材料名称
21	烟囱		实线为烟囱下部直径，虚线为基础，必要时可注写烟囱高度和上、下口直径
22	挡土墙		被挡土在凸出一侧
23	填挖边坡		边坡较长时，可在一端或两端局部表示
24	草坪	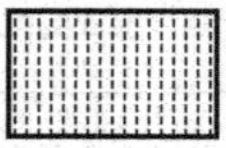	
25	花坛	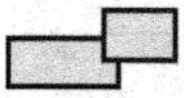	
26	绿篱		
27	植草砖铺地		
28	花卉		
29	常绿针叶树	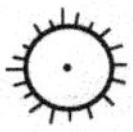	
30	落叶针叶树		
31	常绿阔叶乔木		
32	落叶阔叶乔木		
33	常绿阔叶灌木		
34	落叶阔叶灌木		

主建筑用粗实线，次建筑用细实线，道路中心线用细点画线，用地范围线用粗点画线，道路、景观用中实线，标注、标高用中实线，建筑名、主次入口用粗实线。建筑距离道路中心线一般要大于5m，具体要看规范要求。涉及景观设计的，一般建筑施工图设计人员会在图中说明“注：室外场地由甲方另行委托设计”。方案和施工图的图别要分清楚。拟建建筑和用地范围线的四角要标明坐标，待建建筑和已有建筑不用标。打印时一定要注意打印的比例是否和设置的比例一致。有些规划局要求拟建建筑上标明轴号，一般情况不需要。拟建建筑要用粗细双实线标明，其他建筑均用细单实线。总图一般的图号为“02”，总图图名应该是具体的项目名称。

二、计量单位

① 总图中的坐标、标高、距离宜以 m 为单位，并应至少取至小数点后两位，不足时以“0”补齐。详图宜以 mm 为单位，如不以 mm 为单位，应另加说明。

② 建筑物、构筑物、铁路、道路方位角（或方向角）和铁路、道路转向角的度数，宜注写到“秒”，特殊情况，应另加说明。

③ 铁路纵坡度宜以千分计，道路纵坡度、场地平整坡度、排水沟沟底纵坡度宜以百分计，并应取至小数点后一位，不足时以“0”补齐。

三、建筑总平面图的坐标注法和标高注法

1. 坐标注法

① 总图应按上北下南方向绘制。根据场地形状或布局，可向左或右偏转，但不宜超过45°。总图中应绘制指北针或风玫瑰图，如图2-2所示。

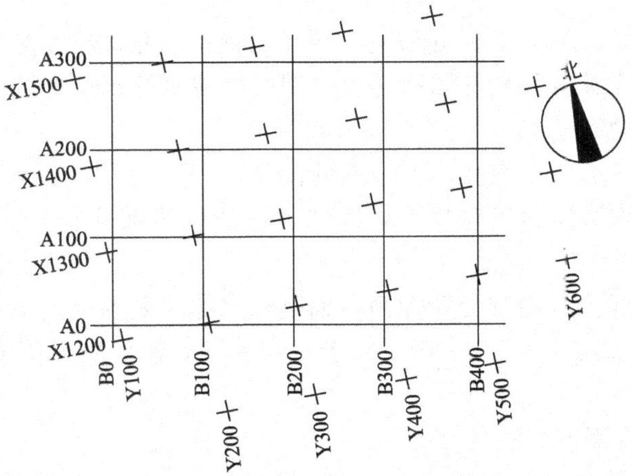

图 2-2　坐标网格

图2-2中X为南北方向轴线，X的增量在X轴线上，Y的增量在Y轴线上。A轴相当于坐标网中的X轴，B轴相当于坐标网中的Y轴。

② 坐标网格以细实线表示。测量坐标网画成交叉十字线，坐标代号宜用“X”、

“Y”表示；建筑坐标网画成网格通线，坐标代号宜用“A”、“B”表示（图 2-2）。坐标值为负数时，应注“—”号；为正数时，“+”号可省略。

③ 表示建筑物、构筑物位置的坐标，常注其三个角的坐标，如果建筑物、构筑物与坐标轴线平行，可注其对角坐标。在一张图上，主要建筑物、构筑物用坐标定位时，较小的建筑物、构筑物也可用相对尺寸定位。

④ 建筑物、构筑物、铁路、道路、管线等标注在下列部位的坐标或定位尺寸。

a. 建筑物、构筑物的定位轴线（或外墙面）或其交点。

b. 圆形建筑物、构筑物的中心。

c. 皮带走廊的中线或其交点。

d. 铁路道岔的理论中心，铁路、道路的中线或转折点。

e. 管线（包括管沟、管架或管桥）的中线或其交点。

f. 挡土墙墙顶外边缘线或转折点。

⑤ 坐标一般直接标注在图上，如图面无足够位置，也会列表标注。在一张图上，如坐标数字的位数太多时，常将前面相同的位数省略，其省略位数在附注中加以说明。

2. 标高注法

① 标高注法以含有±0.00 标高的平面作为总图平面。总图中标注的标高为绝对标高，如标注相对标高，则注明相对标高与绝对标高的换算关系。

② 建筑物、构筑物、铁路、道路、管沟等是按以下规定标注有关部位的标高的。

a. 建筑物室内地坪，标注建筑图中±0.00 处的标高，对不同高度的地坪，分别标注其标高。

b. 建筑物室外散水，标注建筑物四周转角或两对角的散水坡脚处的标高。

c. 构筑物标注其有代表性的标高，并用文字注明标高所指的位置。

d. 铁路标注轨顶标高。

e. 道路标注路面中心交点及变坡点的标高。

f. 挡土墙标注墙顶和墙趾标高，路堤、边坡标注坡顶和坡脚标高，排水沟标注沟顶和沟底标高。

g. 平整场地标注其控制位置标高，铺砌场地标注其铺砌面标高。

③ 标高符号应按 GB/T 50001—2001《房屋建筑制图统一标准》中标高的有关规定进行标注。

四、建筑总平面图的主要指标

① 建设用地面积：经城市规划行政主管部门划定的建设用地范围内的土地面积。

② 总建筑面积：建筑面积是指建筑物外墙或结构外围水平投影的面积，总建筑面积是在建设用地面积范围内新建建筑物的建筑面积之和。

③ 建筑基底面积：指建筑物接触地面的自然层建筑外墙或结构外围水平投影

面积。

④ 户数：指在建设用地面积范围内新建建筑物的套型数之和。

⑤ 绿地面积：指在建设用地面积范围内的总绿化面积。绿地面积的计算不包括屋顶、天台和垂直绿化。

⑥ 道路面积：指在建设用地面积范围内用于交通通行的总道路面积。

⑦ 建筑密度：又称覆盖率，是场地上各类建筑的基底总面积与场地总面积的比率，一般用百分数表示。

⑧ 容积率：即场地上各类建筑的总建筑面积与场地总建筑面积的比值，是用于场地上建筑面积总量的指标，一般用小数表示。

⑨ 绿化率：建设用地范围内各类绿地面积之和与建设用地面积的比率，一般用百分数表示。

⑩ 停车位：指在建设用地面积范围内必须提供的最少停车位置数量，停车可采取垂直式、平行式或斜列式。

⑪ 日照间距：是前后两栋建筑之间，根据日照时间要求所确定的距离。日照间距的计算，一般以冬至这一天正午正南方向房屋底层窗台以上墙面，能被太阳照到的高度为依据。

五、建筑总平面图的识图技巧

① 拿到一张总平面图，先要看它的图纸名称、比例及文字说明，对图纸的大概情况有一个初步了解。

② 熟悉总平面图上的各种图例。由于总平面图的绘制比例较小，许多物体不可能按原状绘出，因而采用图例符号来表示。

③ 在总平面图上，都有一个指北针或风向频率玫瑰图，它标明了建筑物的朝向及该地区的全年风向、频率和风速。

④ 了解新建房屋的平面位置、标高、层数及其外围尺寸等。看新建建筑物在规划用地范围内的平面布置情况，了解新建建筑物的位置及平面轮廓形状与层数、道路、绿化、地形等情况。新建房屋平面位置在总平面图上的标定方法有两种：对小型工程项目，一般根据邻近原有永久性建筑物的位置为依据，引出相对位置；对大型的公共建筑，往往用城市规划网的测量坐标来确定建筑物转折点的位置。

⑤ 了解新建建筑物的室内外高差、道路标高、坡度及地面排水情况；了解绿化、美化的要求和布置情况以及周围的环境。

⑥ 看房屋的道路交通与管线走向的关系，确定管线引入建筑物的具体位置。

⑦ 在总平面图上还可能画有给排水、采暖、电气施工图。

六、建筑总平面图的相关规范及规定

1. 建筑间距

建筑物应能创造良好的室内空间，给人们的工作和休息提供舒适的环境条件，这对促进身体健康和提高工作效率有着重要的意义。在总平面设计时应结合当地气候条件、地形、地质等因素来确定建筑物的朝向和间距。人们对建筑物的要求是能达到冬暖夏凉，而南向则有利于夏季避免日晒而冬季可以利用日照。所以，要尽可能多设置南向房间，但因地段限制，必须朝向西时，要适当布置遮阳设施。我国大部分城市地区的日照间距为（1.0～1.7）H（H 为建筑的总高度），南方地区偏小，北方地区相对较大。

建筑物的通风间距与周围建筑物的阻拦及风向有很大关系。为使建筑物既有合理间距，又能获得较好的自然通风，通常采取夏季主导风向与建筑物成一定角度的布置方式。呈并列布置的建筑群，其迎风面与夏季主导风向宜成 30°～60°，这时的建筑通风间距取（1.3～1.5）H 为宜。

总平面图中的建筑除应满足日照、通风的要求外，还必须满足防火的要求。防火间距根据我国现行的建筑设计防火规划的要求选定（表 2-3）。

表 2-3　民用建筑的防火间距　m

耐火等级	一、二级	三级	四级
一、二级	6	7	9
三级	7	8	10
四级	9	10	12

根据上述日照、通风、防火等综合的要求，建筑物的间距一般取 1.5H。但由于各类建筑所处的周围环境不同，布置形式及要求不同，建筑间距也不尽相同。

2. 道路设计

① 建筑总平面的道路设计，除应满足交通运输的功能要求外，还要满足安全防火的要求。使发生意外火灾时，消防车能够到达所有的建筑。通过消防车的道路宽度应大于 3.5m，消防车通过建筑时道路应满足净高和净宽均大于 4m。

建筑总平面的道路设计，还应满足建筑地段地面水的排放及市政设施管线的安排。从排水要求考虑，道路必须有不小于 0.3%的纵向坡度，但不宜大于6%～7%。

要尽量减少建筑地段车行道出口通向城市干道的数量，以免增加干道上的交叉点，影响城市的行车速度和交通安全。

② 车行道的宽度应保证来往车辆安全和顺利的通行。单车道 3.5m，双车道 6～7m。如果机动车与自行车共用，单车道 4m，双车道 7m。人行道布置在道路的两侧，也可布置在一侧。一般布置在绿化带和建筑红线之间，或在绿化带之间，这样可以减少灰尘的污染，并保证行人的安全。人行道的宽度一般不小于 1.5m，独立设置的人行道，其宽度也可设为 1.0m。

3. 停车场及回车场

① 在沿道路或道路中心线的停车道上停车时，有三种形式，即停车方向与道路相平行、停车方向与道路相垂直、停车方向与道路相斜交。

② 当采用尽端式道路布置时，为满足车辆调头的需要，需在道路的尽头或合适位置设停车场，停车场的尺寸不应小于 12m×12m。

4. 竖向设计

竖向设计应包括以下内容。

(1) 选择场地平整的方式和地面连接方式　在确定场地平整的方式和地面连接方式时，必须尽量考虑减少土石方工程量。场地平整的方式主要有斜坡式、台阶式、混合式。不同高程地面的分隔可采用自然土坡、护坡、挡土墙等方式，它们之间的交通联系可以采用台阶、坡道、架空走廊等形式来实现。

(2) 确定场地地坪、道路及建筑的标高　确定设计标高，必须根据用地的地质条件，结合建筑的错层等使用要求和基础情况，并考虑道路、管线的敷设技术要求，以及地面排水的要求等因素，本着减少土石方量的原则来进行。

(3) 拟定场地排水方案　应根据场地的地形特点，划分场地的分水线和汇水区域，合理设置场地的排水设施，制定出场地的排水组织方案，还应注意防洪和防山洪的要求。

(4) 土石方平衡　计算场地的挖方和填方量，使它们接近平衡，且土石方总量达到最小。

(5) 绿化和环境保护　绿化是总平面图中不可缺少的元素，它不仅有保护和改善环境的作用，也是处理和协调外部空间的重要手段。绿化布置要考虑总体布局的要求，结合各种条件主次分明地选择树种和布置方式，要起到遮阳、分隔、引导的作用。

七、建筑总平面图实例解析

图 2-3 所示为某住宅小区的建筑总平面图。

① 了解图名、比例和文字说明。从图纸名称、比例可以看出，该图是某住宅小区的总平面图，图的比例为 1∶500。

② 看指北针或风向玫瑰图。从指北针看出，该小区内的建筑均为一个朝向，坐北朝南，这是房屋布置的最好朝向，因为南向有利于夏季避免日晒而冬季可以利用日照。

③ 熟悉总平面图中的各种图例，了解新建建筑物、已建建筑物的位置及出入口与城市道路的位置关系。可以看出，小区内共有三栋建筑：位于小区最北部的是一栋五层高的已建成的住宅楼，它的轮廓线用细实线表示；前面两栋 1＃、2＃楼为新建建筑，它的轮廓线用粗实线表示。小区共设有两个出入口：主入口设置在新规划道路上，次入口设在城市主干道××大道。

④ 新建建筑的定位。本小区位于城市主干道与新规划道路的东北侧，它们的定位参照道路中心线。1＃楼的南侧后退 8m 是 56m 宽的××大道，西侧以用地边界为界线。2＃楼在 1＃楼向北 19.94m，西侧以用地边界为界线。

⑤ 了解新建房屋的平面布置、层数、标高及其外围尺寸等。1＃楼是一栋综合性的七层的底商住宅楼，即一层为商业用房，临近城市主干道，上面六层为住宅楼。住宅部分宽度为 13840mm，长度为 53840mm。设有三个楼梯间，将每层平面分为六户。一层的商业用房部分除住宅楼占用的 13840mm 外，北向还多出 6200mm 的宽度，入口对准小区内部，作为车库使用，车库的屋顶作为二层的绿化

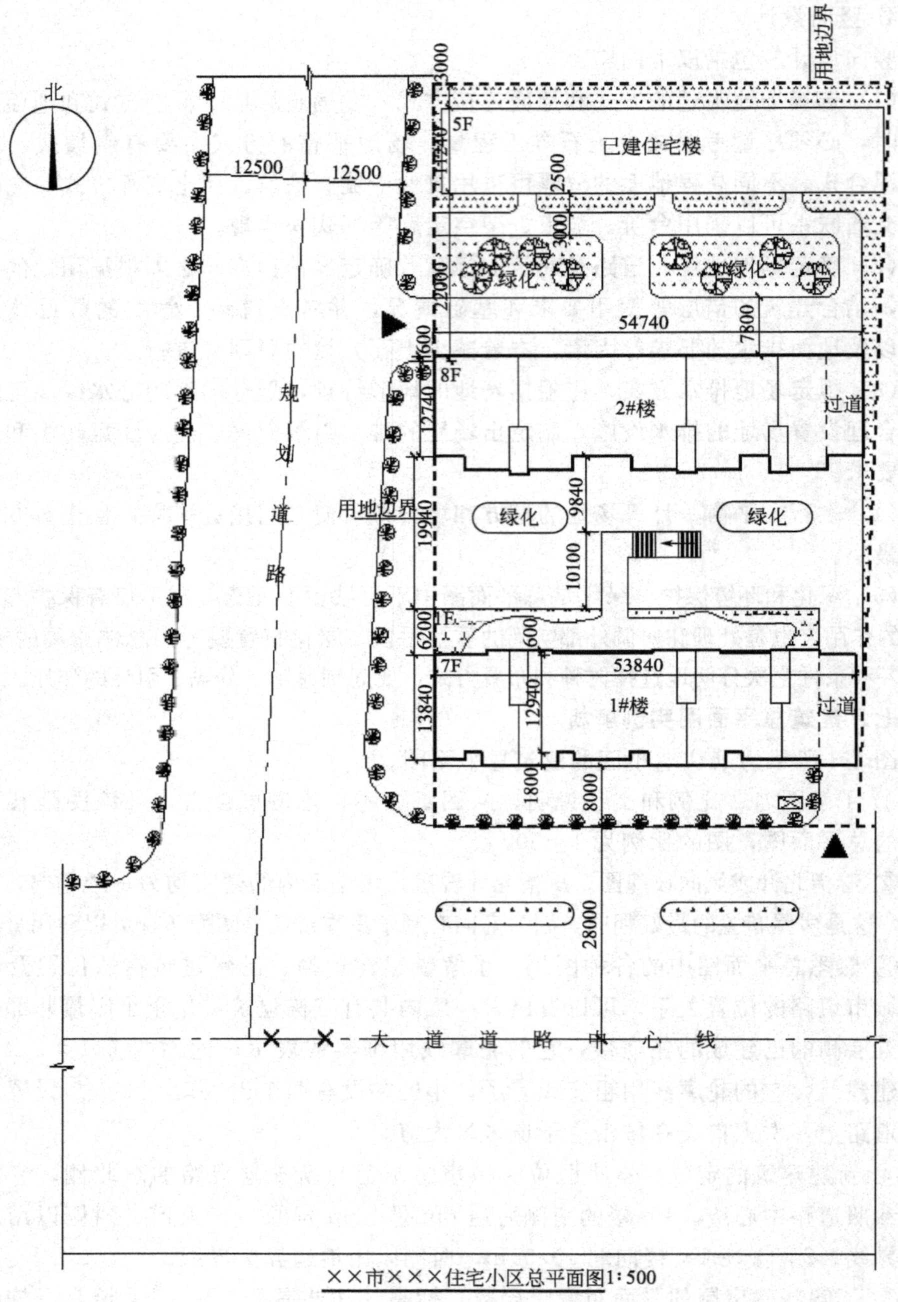

××市×××住宅小区总平面图1∶500

图 2-3　建筑总平面图

平台。另外，在 1＃楼的北面，设有一室外公共楼梯，作为 1＃楼住宅部分的交通疏散要道。通过楼梯上到车库顶（即屋面平台处），再进入二层住宅部分的楼梯间，通向以上各层。

1＃楼、2＃楼底层的右侧是一个过道，作为次入口的疏散通道。2＃楼位于1＃楼与已建建筑之间，是一栋 8 层的纯住宅楼。它的宽度为 12740mm，长度为 54740mm。每层有三个楼梯间，共六户。

⑥ 看总平面图中的道路、绿化。该住宅小区位于城市主干道北侧，新规划道路的东侧，交通方便。小区内布置有多处绿化，沿围墙一圈及两栋建筑之间都设有绿化带，在1＃楼的一层屋顶平台上也布置有草坪等。

八、要诀及释义

1. 要诀

看建筑总平面图时，就像河流主干支；
指北针和比例尺，重要建筑有标示；
看日照、通风、防火时，各项都要符规定；
建筑规划要合理，标示主干道、绿化地。

2. 要诀释义

建筑物的总平面图是在建设基底的地形图上，把已有的、新建的和拟建的建筑物、构筑物以及道路、绿化等按与地形图同样的比例绘制出来的平面图。

平面图中有指北针和比例尺的大小。

看建筑物的日照、通风、防火时均应符合相关的规定。

在总平面图中要显示出主干道及绿地。

第三节　建筑平面图

一、建筑平面图的形成、作用及图例

1. 建筑平面图的形成

用一个假想的水平面把一栋房屋的略高于窗台以上的部分切掉，将剩余部分正投影而得到的水平投影图称为建筑平面图。

建筑平面图实质上是房屋各层的水平剖面图。一般地说，房屋有几层，就应画出几个平面图，并在图形的下方注明相应的图名、比例等。沿房屋底层窗洞口剖切所得到的平面图称为底层平面图，最上面一层的平面图称为顶层平面图。顶层平面图是屋面在水平面上的投影，不需剖切。中间各层如果平面布置相同，可只画一个平面图表示，称为标准层平面图。但对于工业厂房类的建筑，层高较高，通常还有一层高窗，这时就需要用多个平面图来表达不同标高位置处的情况。

2. 建筑平面图的作用

人的一般思维都是从简单到复杂的。外观造型也是，平面设计对于外观造型来说是一个从二维走向三维的过程。初始设计直接导致最后建筑的总体形象趋势。平面设计主要是按照功能区的排列构思出大体框架，然后再在平面的基础上纵向延伸，形成立体的实物。

平面设计是建筑设计的第一步，对建筑的整体效果起着至关重要的作用。形象地说，平面设计好比是造型骨架的横向组成部分。平面的设计和选型直接影响整个建筑的形象走向。在设计时不仅应适应各种不同功能需求，创造可灵活布局的内部大空间，还应考虑因高度不同而造成的种种结果。例如，对于超高层建筑来说，平面应尽量平整，为结构设计和抗震创造有利条件，这样一来，建筑的整体造型就受到了影响，就有可能从自由的造型变为规则的造型。

以上是平面设计对造型整体设计产生的影响。那是在形象设计没有特别限制的前提下形成的一种制约关系。如果还有特殊要求，如要建筑赋予一些象征意义或是形成一些仿生类的形象，那么这种关系就可能有所改变，即造型设计将对平面设计进行一些限制，平面设计要在原有的设计过程中加入一些特殊的设计步骤。

3. 建筑平面图的有关图例

建筑平面图的图例可以参考表1-13。由于通常平面图的比例较小，如果都填充为表中图例，整个图看起来密密麻麻，图面也很不整洁，所以通常平面图的承重墙体只用两根粗实线表示，隔断用两根细实线表示，栏杆用单线条表示即可（表2-4）。

表 2-4　平面图中常用的图例

名称	图　例	说　明
墙体		应加注文字或填充图例表示墙体材料，在项目设计图纸说明中列材料图例表给予说明
隔断		1. 包括板条抹灰、木制、石膏板、金属材料等隔断 2. 适用于到顶与不到顶隔断
栏杆		
坡道	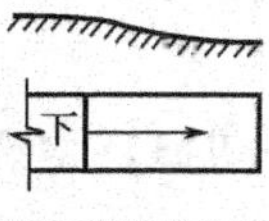	长坡道
	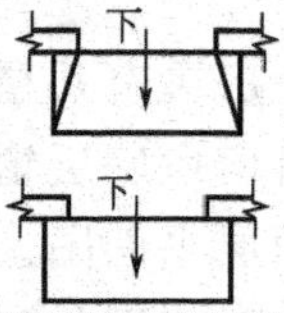	门口坡道

门、窗、楼梯及卫生洁具的平、立、剖面图例见表2-5。

二、建筑平面图的内容

1. 建筑物的体量尺寸

相邻定位轴线之间的距离，横向的称为开间，纵向的称为进深。从平面图中的定位轴线可以看出墙（或柱）的布置情况。从总轴线尺寸的标注，可以看出建筑的总宽度、长度等情况。

表 2-5　建筑配件图例

名称	图　例	说　明	名称	图　例	说　明
单扇门	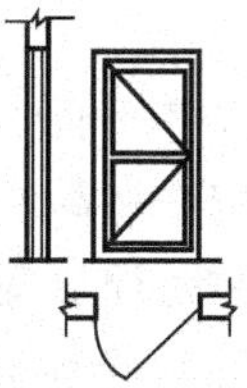	1. 门的名称代号用M表示 2. 剖面图上左为外，右为内，平面图上下为外，上为内 3. 立面形式应按实际情况绘制	底层楼梯	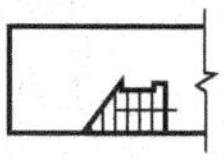	楼梯的形式及步数应按实际情况绘制
			中间层楼梯	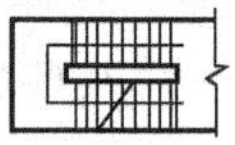	
双扇推拉门	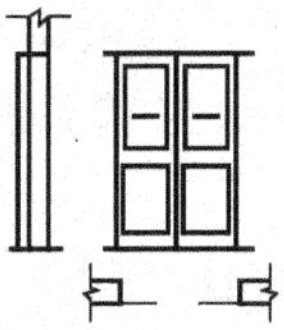		顶层楼梯	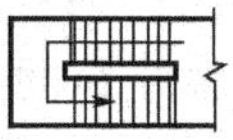	
固定窗	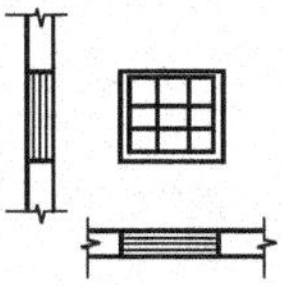	1. 窗的名称代号用C表示 2. 剖面图上左为外，右为内，平面图上下为外，上为内 3. 立面形式应按实际情况绘制	洗脸盆	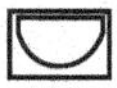	
			立式洗脸盆		
推拉窗	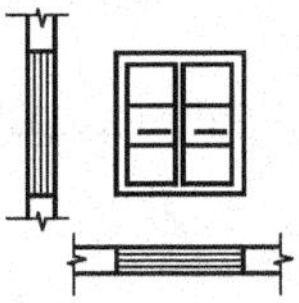		坐式大便器	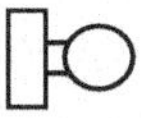	
浴盆			污水池		

从各部分尺寸的标注，可以看出各房间的开间、进深、门窗位置等情况。此外，从某些局部尺寸还可以看出如墙厚、台阶、散水的尺寸，以及室内外等处的标高。

2. 建筑物的平面定位轴线及尺寸

从定位轴线的编号及间距，可以了解各承重构件的位置及房间大小，以便施工时放线定位。

3. 各层楼地面标高

建筑工程上常将室外地坪以上的第一层（即底层）室内平面处标高定为零标高，即±0.000 标高处。以零标高为界，地下层平面标高为负值，标准层以上标高为正值。

4. 门窗位置及编号

在建筑平面图中，绝大部分的房间都有门窗，应根据平面图中标注的尺寸确定门窗的水平位置；然后结合立面图确定窗台和窗户的高度。有些位置的高窗，还注明有窗台离地的高度。这些尺寸，都是确定门窗位置的主要依据。

门窗按国家标准规定的图例绘制，在图例旁边注写门窗代号，M 表示门，C 表示窗，通常按顺序用不同的编号编写为 M-1、M-2、C-1、C-2 等。有些特殊的门窗有特殊的编号。例如，门连窗编写为 MC-1，防火门可编写为 FM-1 等。此外，门窗的内型、制作材料等应以列表的方式表达。

5. 剖面位置、细部构造及详图索引

平面图是用一个假想的水平面把一栋房屋横向切开形成的。这个切开面的位置很重要，切得高和切得低形成的平面图会有很大差别。建筑工程上将其定在房屋的窗台以上部分但又不能超过窗顶的位置，这样平面图上就能将门窗的位置很清楚地显现出来。

由于平面图的比例较小，某些复杂部位的细部构造就不能很明确地表示出来。因此，常通过详图索引的方式，将复杂部位的细部构造另外画出，放大比例，以更好地表达设计的思想。看图的时候，可以通过详图索引指向的位置找到相应的详图，再对照平面图，去理解建筑的真正构造。

有时在图纸空间足够时，该平面图旁会出现一些细部节点详图。图 2-4 所示为详图索引符号。索引出的详图与被索引的图样在一张图纸上，如图 2-4(a) 所示；不在同一张图纸上，如图 2-4(b) 所示；采用标准图时，如图 2-4(c) 所示。

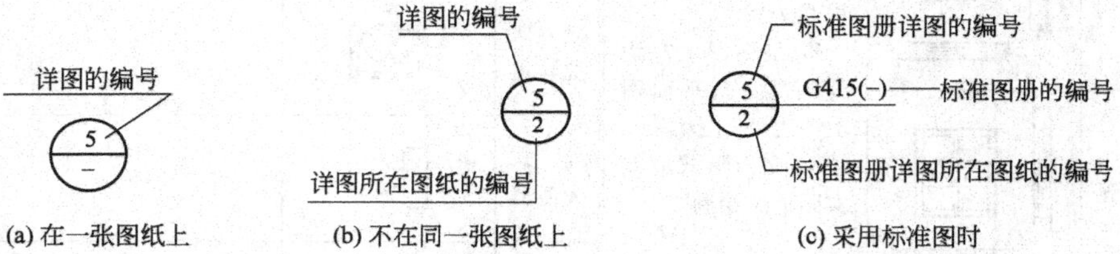

图 2-4　详图索引符号

6. 屋面排水及布置要点

建筑的屋面分为平屋面和坡屋面，它们的排水方法有很大不同。

坡屋面因为坡度较大，一般采用无组织排水即自由落水（即不用再进行任何处理，水会顺着坡度自高向低流下）。有些坡屋面建筑在下檐口会设有檐沟，使坡面上的水流进檐沟，并在其内填 0.5%～1%的纵坡，使雨水集中到雨水口再通过落水管流到地面，或排到地下排水管网。这称为有组织排水。别墅的设计中常采用这种方法。读图的时候，应根据实际情况来看屋面的排水。图 2-5 所示为一坡屋面的屋面排水图。

从图 2-5 中看出，3～7 轴及 1/B～F 轴之间的屋面为坡屋面，即图中填充竖线图例的部分。屋面在 D 轴有一道横向屋脊线，将屋面分成两部分，说明是双坡屋面。它在 3 轴、5 轴和 7 轴处设有斜面的挡墙，而在 1/B 轴和 F 轴处没有设置天沟。下雨的时候，雨水顺屋面自由落下，也就是说使用的是自由落水法。

平屋面的排水较为复杂，它常通过材料找坡的方式，即由轻质的垫坡材料形成，如水泥炉渣、石灰炉渣等。上人屋面平屋顶材料找坡的坡度小于或等于 2%～3%，不上人屋面一般做找坡层的厚度最薄处不小于 20mm。识读平屋面的排水图时，应注意排水坡度、排水分区、落水管的位置等要点。图 2-6 所示为一平屋面的屋面排水图。

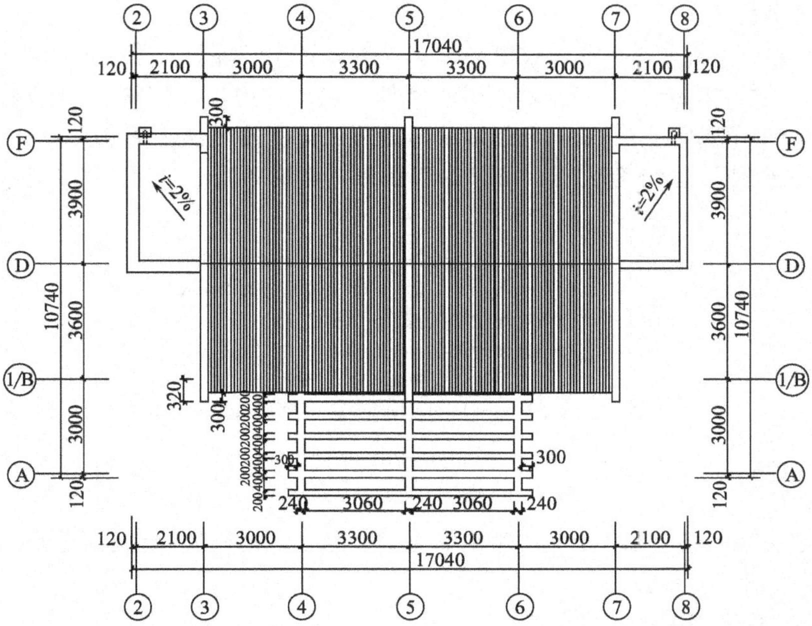

图 2-5　坡屋面的屋面排水图

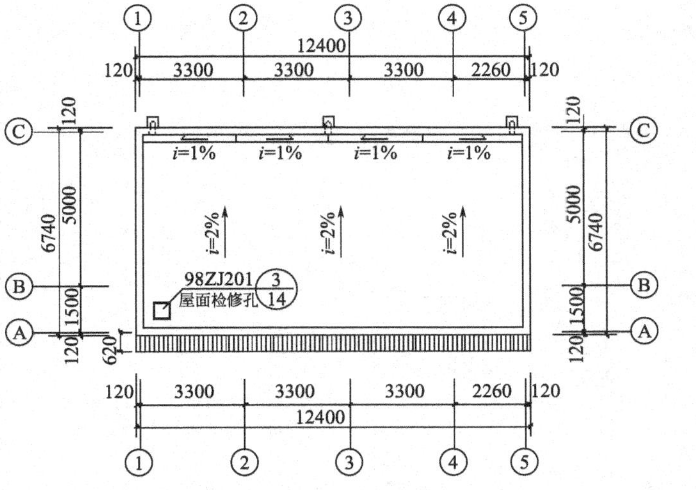

图 2-6　平屋面的屋面排水图

从图 2-6 中看出，1～5 轴及 A～C 轴之间的屋面为平屋面。屋面在 A 轴下面有一斜坡檐，净宽 500mm，它在本图中只是起到装饰立面的作用，与屋面排水无关。此屋面由于面积不大，进深较短，排水区域的划分较为简单，直接采用单方向 2%的坡度由 A 轴向 C 轴排水的方法。在 C 轴下方 500mm 处设置天沟，将屋面的雨水通过天沟汇集，再通过 1 轴、3 轴及 5 轴附近的落水管排向地面。

7. 文字说明

在建筑平面图中，有些通过绘图方式不能表达清楚或过于繁琐的，设计者会通过文字的方式在图纸的下方加以说明。例如，墙体的厚度、空调孔的位置及高度、排气道选用的图集、厨卫及阳台的地面标高等。读图的时候，结合文字说明看建筑平面图才能更深入地了解建筑。图 2-7 所示为一建筑平面图中加入的文字说明。

说明：

1. 图中除标注墙体外，其余均为 240mm 墙。
2. 厨房、阳台、卫生间均低于本层楼面 20mm。
3. 预留客厅空调孔 ϕ80 距地面高 350mm，
   预留卧室空调孔 ϕ80 距地面高 2100mm。
4. 厨房排气道选自图集 2000YJ205 第 5 页 1。
   卫生间排气道选自图集 2000YJ205 第 5 页 5。

图 2-7　文字说明

8. 其他

剖面图的符号、指北针仅在建筑平面图上标注。楼梯的位置及梯段的走向与级数也应在平面图上标注。

三、建筑平面图的组成部分

1. 地下层平面图

地下层平面图是指在室外地坪以下的各层平面图。它表示出房屋建筑地下各层的平面形状、各房间的平面布置及楼梯布置等情况，它的标高为负值，如图 2-8 所示。

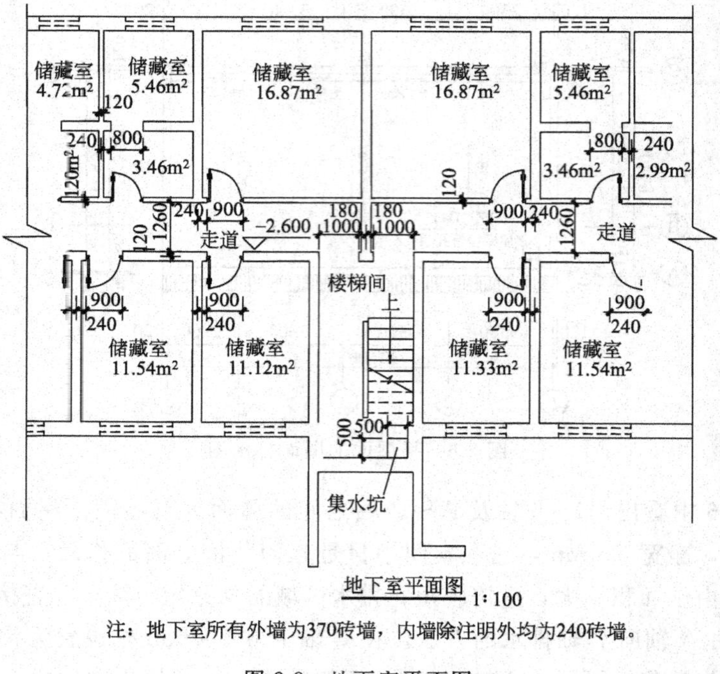

注：地下室所有外墙为370砖墙，内墙除注明外均为240砖墙。

图 2-8　地下室平面图

2. 底层平面图

（1）底层平面图的定义　一般建筑工程上±0.000 标高处的平面图称为底层平面图。它表示房屋建筑底层的布置情况。在底层平面图上还应反映室外可见的台阶、散水、花台、花池等。此外，图上还应标注剖切符号及指北针，如图 2-9 所示。

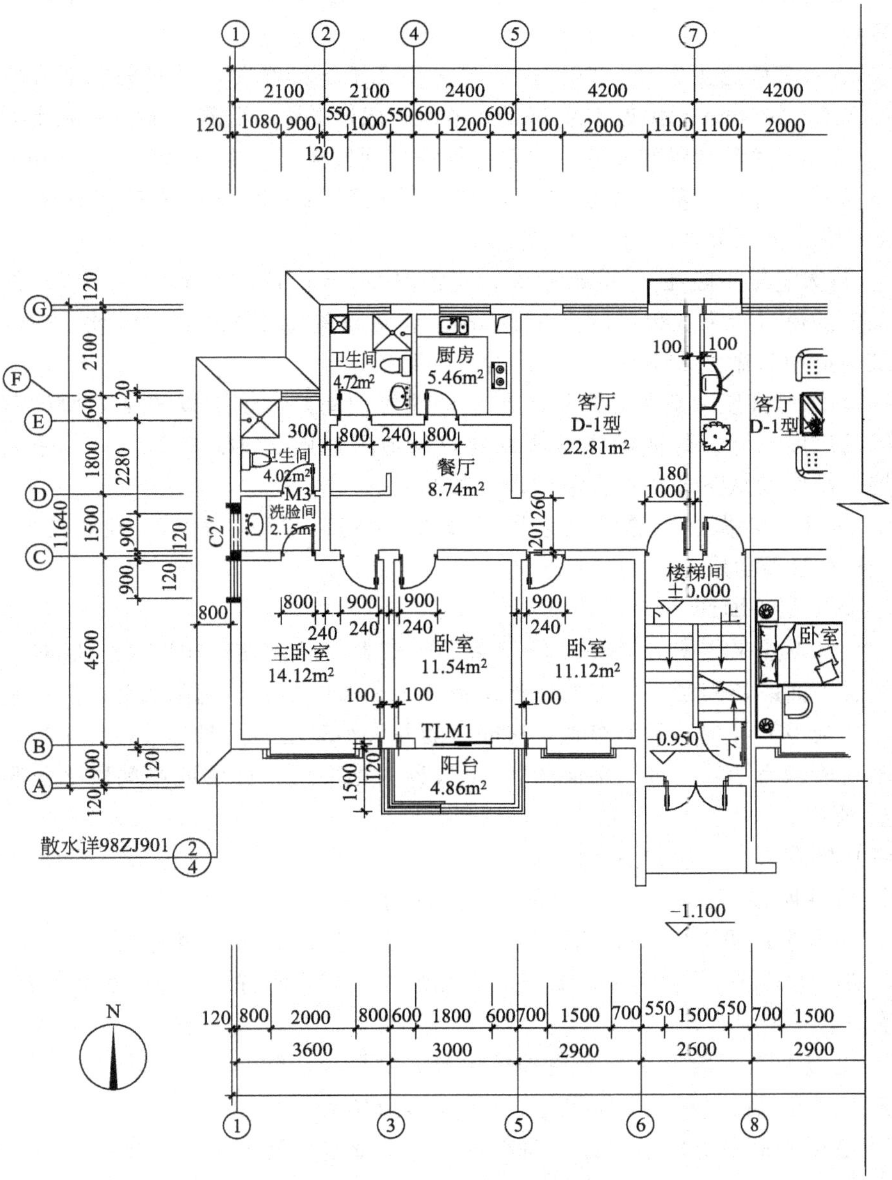

一层平面图　1:100

注：户型放大平面图详建施12

图 2-9　一层平面图

（2）底层平面图的图示内容

① 图名、比例，表示房屋朝向的指北针，门窗、其他构配件及固定设施的图例，有关尺寸的标注，还应注明室外台阶、坡道、明沟和室内外的标高。

② 底层若设车库，其外墙门洞口上方应设防火挑檐。楼梯间等公共出入口同。

③ 住宅公共出入口位于开敞楼梯平台下部，应设雨罩等防止物体堕落伤人的安全设施。

④ 散水宽度宜为 600～1000mm，当采用无组织排水时，散水的宽度可按檐口线放出 200～300mm；坡度可为 3%～5%，一般取 5%；当散水采用混凝土时，宜按 20～30mm 间距设置伸缩缝；散水与外墙之间宜设缝，缝宽可为 20～30mm，缝内应填沥青类材料。散水做法见中南地区通用建筑标准设计建筑构造用料做法 98ZJ901 中 4 页 $\frac{4}{-}$ 节点，为混凝土散水。

⑤ 明沟宽度一般在 200mm 左右，图集取 200mm 或 250mm，套用省标图集应注明深度的值（单个工程深度为 300mm），沟底应有 0.5%左右的纵坡。明沟做法见建筑构造用料做法 86J901(1/4)，为砖砌明沟。

⑥ 勒脚的高度一般为室内地坪与室外地坪的高差，也可以根据立面的需要提高勒脚的高度尺寸。外墙勒脚做法见建筑构造用料做法 97J09(17/49)，采用花岗石面层，高度为从室外地坪至室内地坪的标高。

⑦ 室外台阶做法见建筑构造用料做法 86J901(4/7)，为 150 号混凝土台阶，12mm 厚水磨石面层。

3. 标准层平面图

（1）标准层平面图的定义　标准层平面图表示房屋建筑中间相同层的布置情况，楼层平面图还需画出本层的室外阳台和下一层的雨篷、遮阳板等。除一层和顶层外，其余中间各层的平面布置、房间分隔和大小完全相同时，可用一个平面图表示，图名表示为“×～×层平面图”，也被称为标准层平面图或中间层平面图，如图 2-10 所示。

（2）标准层平面图的图示内容

① 应注明楼面标高；卫生间、阳台降低的标高。

② 铝合金门见 98ZJ641。代号如下：M 表示门；G 表示固定式；T 表示推拉式；P 表示平开式；C 表示窗；S 表示上悬式；H 表示滑撑式；DM 表示弹簧门；a 表示左开；b 表示右开。

③ 七层及以下的厨房排风道楼板预留洞的尺寸：500mm×300mm。七层及以下的卫生间排风道楼板预留洞尺寸：380mm×240mm。

④ 底层平面图上的指北针、剖切符号，以及室外地面上的构配件，不在该图中画出。

4. 夹层平面图

夹层是指在一个楼层内，局部增设的楼层，它的平面图称为夹层平面图。夹层

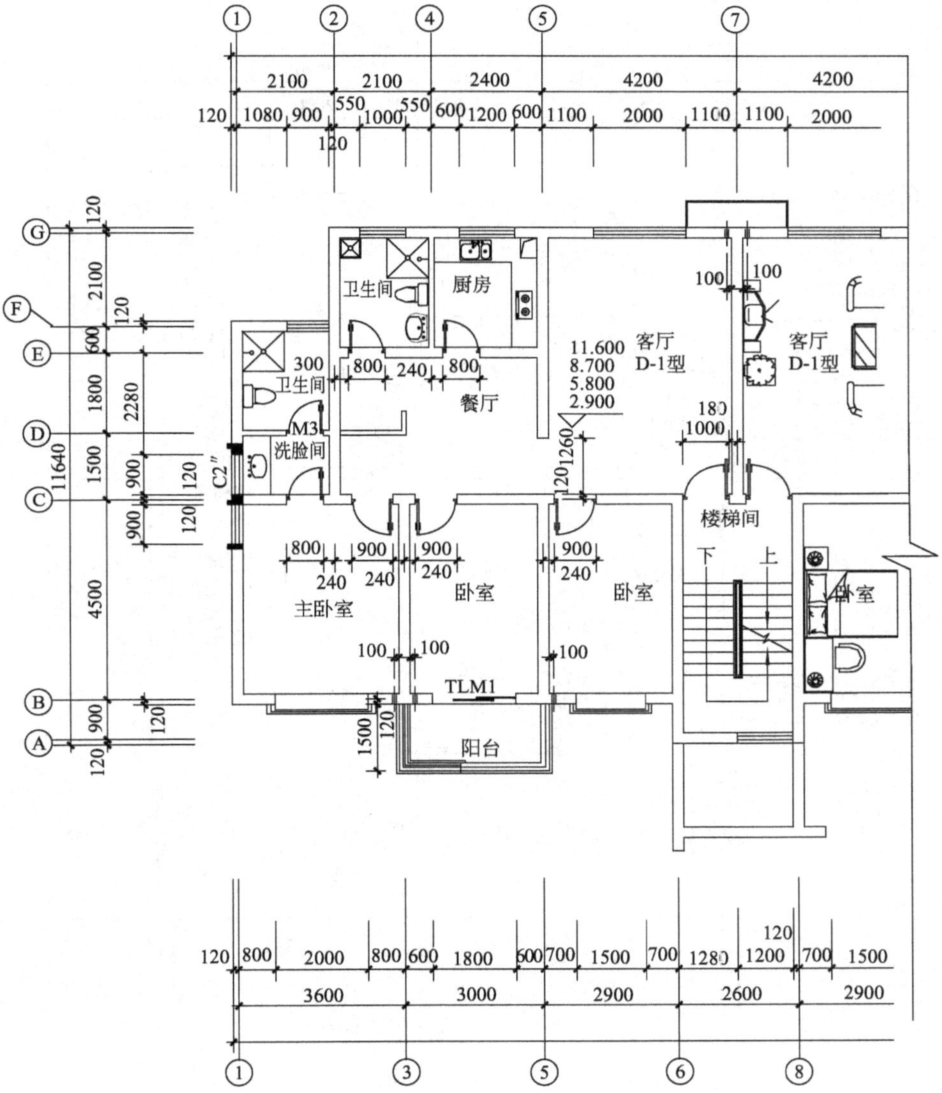

图 2-10 标准层平面图

平面图是常用来表示储藏室、阁楼等位置的平面图。

5. 顶层平面图

顶层平面图指建筑最高层处的平面图。除和标准层平面图表示的要点相同以外，它的楼梯处平台和扶手会有所改变。楼梯休息平台，两端楼梯段都完整画出，栏杆和扶手一直延伸到墙体，如图 2-11 所示。

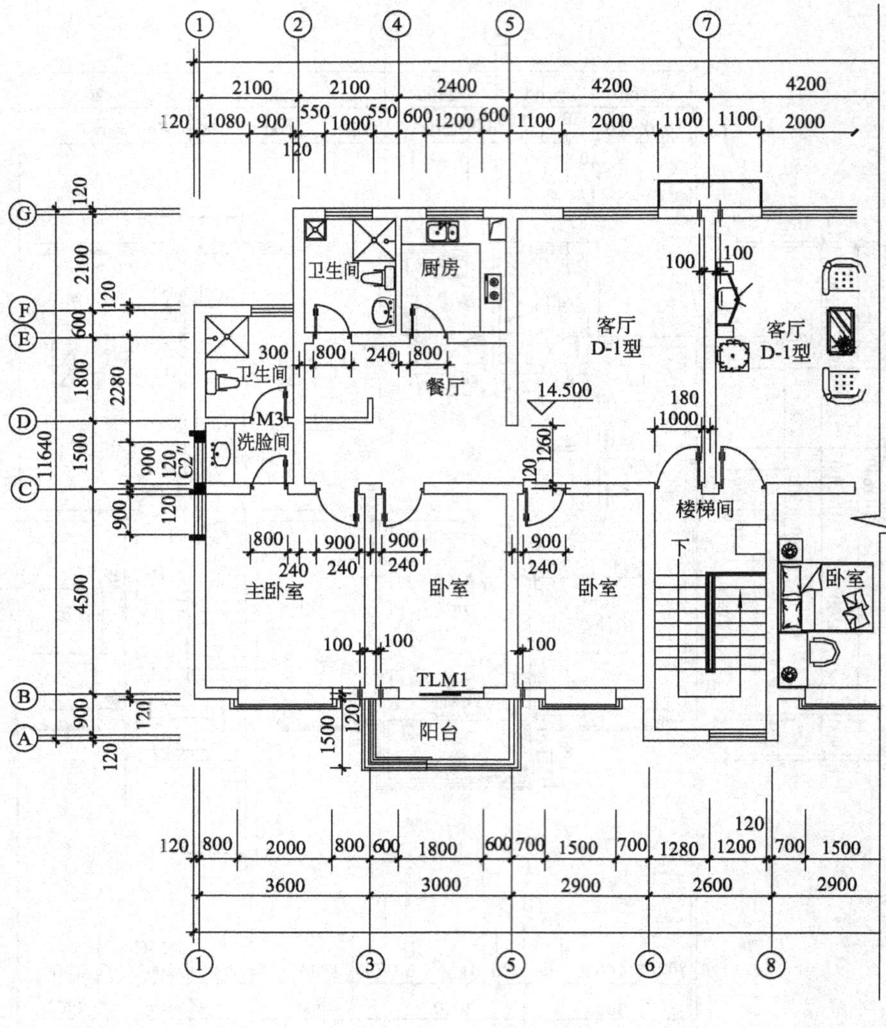

六层平面图 1:100

图 2-11　顶层平面图

6. 屋顶平面图

屋顶平面图的图示内容如图 2-12 所示。它一般表明凸出屋顶平面的管道、烟囱、水箱、电井机房、楼梯间等位置和女儿墙，坡度及屋面排水方向（用箭头表示）及雨水口、排水区域的划分、分割缝、构造柱、屋脊线、屋面检修孔等位置，反映屋面的形状。

7. 构架平面图

为了使建筑的整体外观更加协调和美观并富于变化，常在建筑屋顶上做出装饰性的构架，表示这些构架的平面称为构架平面图。

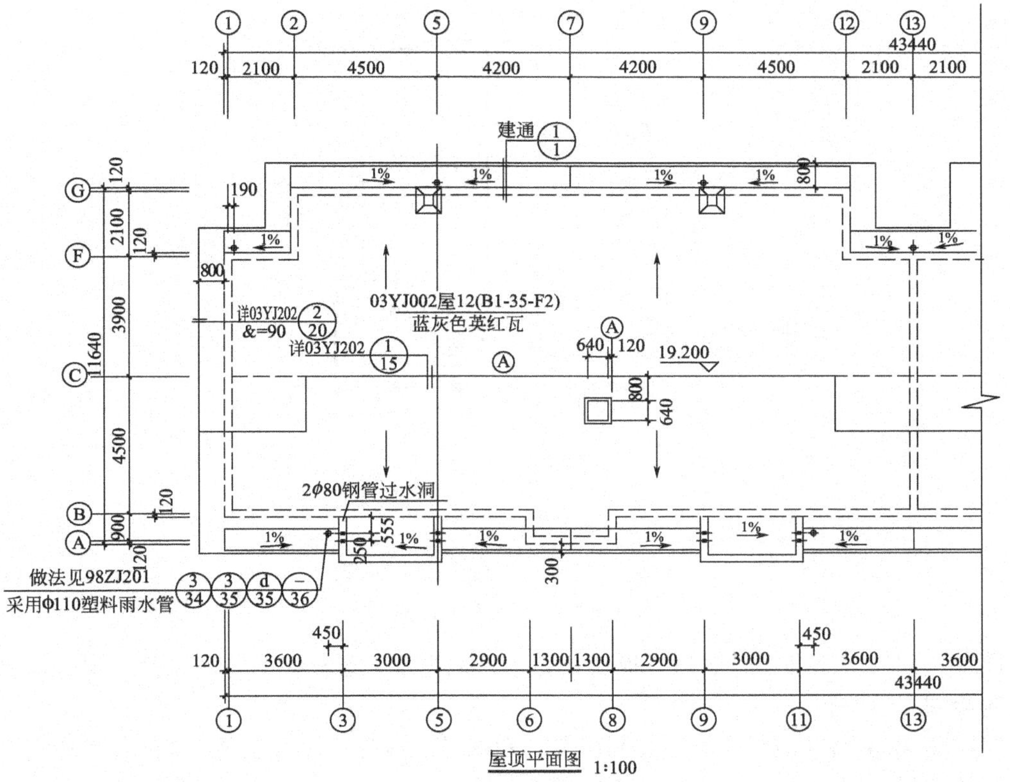

图 2-12　屋顶平面图

8. 建筑局部大样图

在建筑平面图中常用的比例为 1∶100、1∶150 等，有些房间的布局又较为复杂，在这样的比例中，很难看清它的详细布置情况。这时候，常采用建筑局部大样图把要详细表现的房间或区域单独画出来，如图 2-13 所示。

四、建筑平面图的图示特点及作用

1. 建筑平面图的图示特点

① 平面图的方向宜与总图方向一致，平面图的长边宜与横式幅面图纸的长边一致。

② 在同一张图纸上绘制多于一层的平面图时，各层平面图宜按层数由低向高的顺序从左至右或从下至上依次布置。

③ 除顶棚平面图外，各种平面图应按正投影法绘制，屋顶平面图是在水平面上的投影，不需剖切，其他各种平面图则是水平剖切后，按俯视方向投影所得的水平剖面图。

④ 建筑物平面图应在建筑物的门窗洞口处水平剖切俯视（屋顶平面图应在屋面以上俯视），图内应包括剖切面及投影方向可见的建筑构造以及必要的尺寸、标

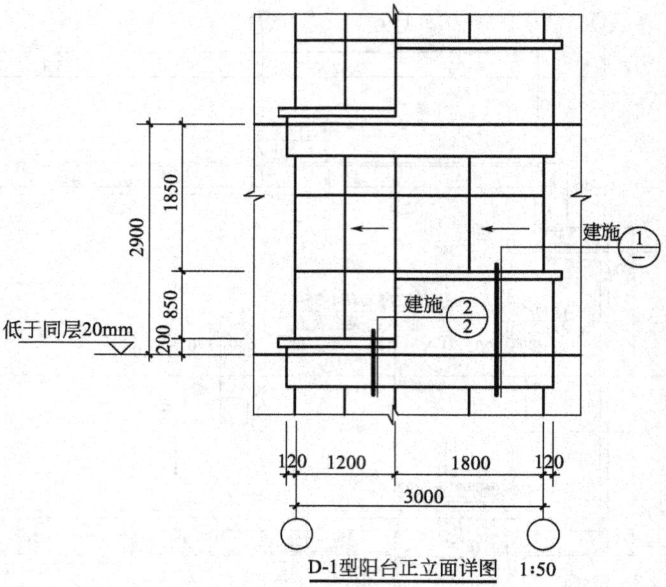

图 2-13 局部大样图

高等，如需表示高窗、洞口、通气孔、槽、地沟及起重机等不可见部分，则应以虚线绘制。

⑤ 建筑物平面图应注写房间的名称和编号，编号注写在直径为 6mm 细实线绘制的圆圈内，并在同张图纸上列出房间的名称表。

⑥ 平面较大的建筑物，可分区绘制平面图，但每张平面图均应绘制组合示意图。各区应分别用大写拉丁字母编号。在组合示意图中要提示的分区，应采用阴影线或填充的方式来表示。

⑦ 顶棚平面图宜用镜像投影法绘制。

⑧ 为表示室内立面在平面图上的位置，应在平面图上用内视符号注明视点的位置、方向及立面编号。符号中的圆圈应用细实线绘制，根据图面比例圆圈的直径可选择 8～12mm。立面编号宜用大写拉丁字母或阿拉伯数字，内视符号如图 2-14 所示。

2. 建筑平面图的主要作用

建筑平面图主要反映房屋的平面形状、大小和房间的相互关系、内部布置，墙的位置、厚度和材料，门窗的位置以及其他建筑构配件的位置和各种尺寸等。建筑平面图是施工放线、砌墙、安装门窗、室内装修和编制预算的重要依据。

建筑平面图是其他建筑施工图的基础，它采用了标准图例的统一性和规范性，与其他详图、图集呈逐级的关联性。只有先将建筑平面图看明白，心中对建筑的布局、结构都有了一个基本的了解之后，看其他图纸时才能做到心中有数，并和立

单面内视符号　　双面内视符号　　四面内视符号

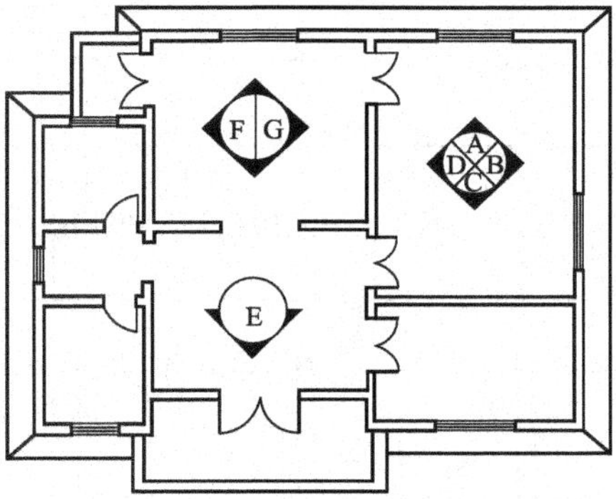

图 2-14　平面图上的内视符号

面、剖面结合，做到真正看懂图纸。

五、建筑平面图的识读方法和技巧

1. 建筑平面图的识读方法

① 看建筑平面图，应从底层看起，先看图名、比例和指北针，了解此张平面图的绘图比例及房屋朝向。

② 在底层平面图上看建筑门厅、室外台阶、花池和散水的情况。

③ 看房屋的外形和内部墙体的分隔情况，了解房屋平面形状和房间分布、用途、数量及相互间的联系，如走廊、楼梯和房间的位置等。

④ 看图中定位轴线的编号及其间距尺寸，从中了解各承重墙或柱的位置及房间大小，以便施工时定位放线和查阅图样。

⑤ 看平面图中的内部尺寸和外部尺寸，从各部分尺寸的标注，可以知道每个房间的开间、进深、门窗以及室内设备的大小、位置。

⑥ 看门窗的位置和编号，了解门窗的类型和数量，还有其他构配件和固定设施的图例。

⑦ 在底层平面图上，看剖面的剖切符号，了解剖切位置及其编号。

⑧ 看地面的标高、楼面的标高、索引符号等。

2. 建筑平面图的识读技巧

识图时应先大后小，先记住建筑的总宽度和总长度，主要轴线的间距，门窗的位置及编号，楼梯、电梯的位置及数量，套型个数及标高等。先记住了大致的内容，再记细节的部分，具体到每个房间的布局及门窗、空调孔、管道等，不清楚的要结合立面、剖面，一步步地看，才能真正看懂。

六、建筑平面图实例解析

1. 建筑底层平面图

① 看平面图（图 2-15）的图名、比例可知是一层平面图，比例为 1∶100；从指北针看出建筑物的朝向是背面朝北、正面朝南。

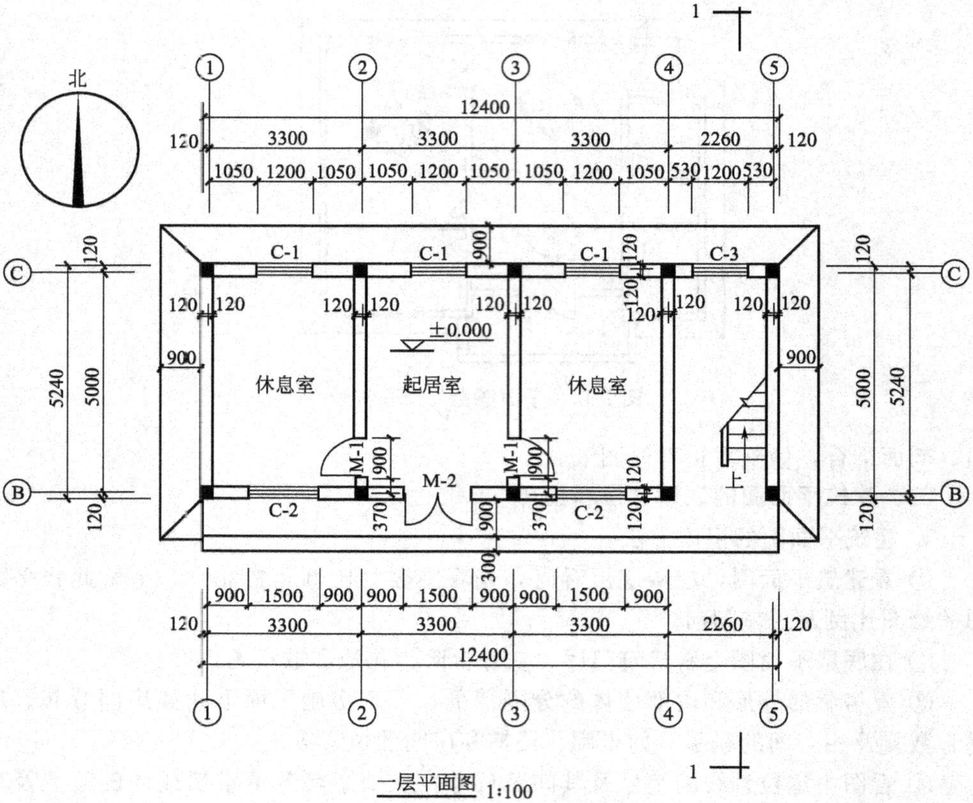

图 2-15　底层平面图

② 看轴线尺寸及其编号，了解承重墙、柱的位置。图中有 5 根横向定位轴线，有 2 根纵向定位轴线。房屋的总宽度为 12400mm，总进深为 5240mm。除楼梯间轴线尺寸开间为 2260mm 外，其余房间的轴线尺寸开间均为 3300mm，进深均为 5000mm。

在每一条轴线上均布置有承重墙，厚度为 240mm。在横向轴线和纵向轴线的交点处都设有构造柱，尺寸为 240mm×240mm。

③ 看房间的内部平面布置和外部设施，了解房间的分布、功能、数量及其相互关系。

该图平面形状为矩形，入口设置在南向，楼梯间设置在右侧（即东面）。楼梯间上行的梯段被水平剖切面剖断，用倾斜 45°的折断线表示。两侧的房间作为休息室，中间房间作为起居室。房屋四周设有散水，散水宽度为 900mm。房屋南侧设有两阶台阶，踏面宽度分别为 300mm、900mm。

④ 读门、窗及其他配件的图例和编号，了解它们的位置、类型和数量等情况。门、窗的代号分别为 M、C（即汉语拼音的第一个字母大写）。M-1 为休息室的门，宽度为 900mm，共有 2 个；M-2 为起居室的大门，宽度为 1500mm，有 1 个；C-1 为北向房间的窗户，宽度为 1200mm，共有 3 个；C-2 为南向房间的窗户，宽度为 1500mm，共有 2 个；C-3 为北向楼梯间的窗户，宽度为 1200mm，有 1 个。要注意的是，C-1 和 C-3 宽度均为 1200mm，初学者会感到疑惑，为什么不将它们合并为一种窗，读图时不仅要看平面图，更要结合立面看，再对应门窗表，就可以清楚地看出 C-1 的高度较低，只有 600mm，它位于底层后墙，为了安全考虑，设置成了高窗。所以，遇到问题的时候，一定要静下心，前后对照图纸，弄明白其中的原因。

⑤ 看平面的标高，底层平面标高一般设为±0.000。

⑥ 读剖切符号，了解剖切平面的位置、编号及投影方向。本例中房间布局较为简单，剖切符号设置在楼梯间的位置，编号为 1—1。读索引符号，了解详图的出处、选用的图集代号等。

2. 建筑二层平面图

二层平面图（图 2-16）的图示内容和方法与一层平面图轴线尺寸及编号都相

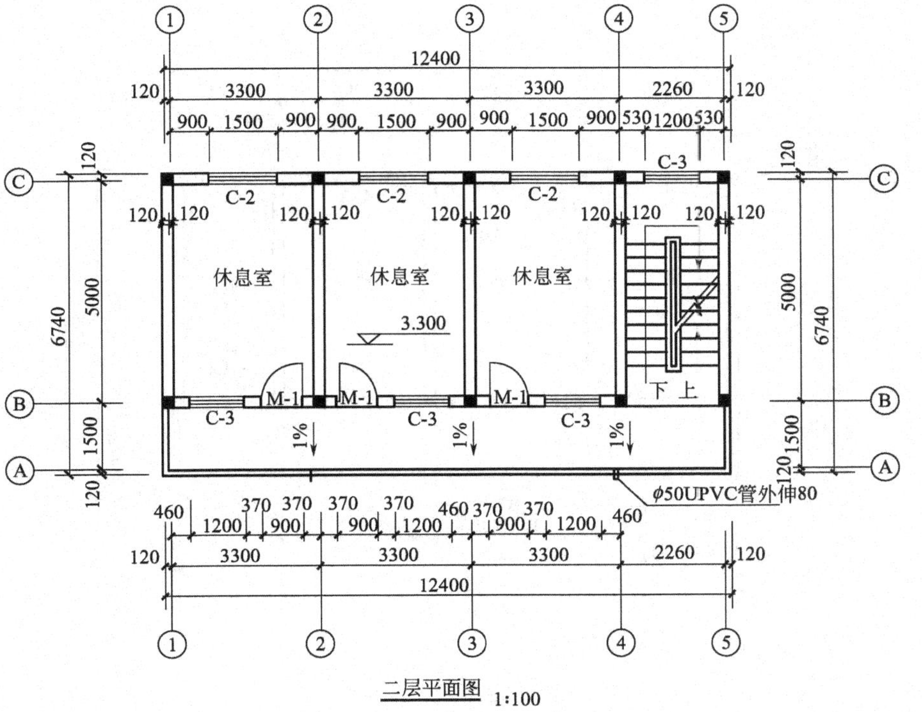

图 2-16 二层平面图

同，它们的不同之处如下。

① 二层平面图中不必再画出一层平面图已显示过的指北针、剖切符号以及室外地面上的散水等。

② 一层平面图中南向设有台阶，在二层相应位置改为设有栏板的走廊。走廊布置在1～5轴间，A～B轴间。以B轴为界，房间内部的标高均为3.3mm，走廊处从B轴到A轴做成1%的坡度。在2轴和4轴间设有ϕ50mm的UPVC雨水管外伸80mm。

③ 看房间的内部平面布置和外部设施。一层平面图中的起居室在二层平面图中改为了休息室。楼梯间的梯段仍被水平剖切面剖断，用倾斜45°的折断线表示，但折断线改为了两根，因为它剖切的不只是上行的梯段，在二层还有下行的梯段，下行的梯段完整存在，并且还有部分踏步与上行的部分踏步投影重合。

④ 读门、窗及其他配件的图例和编号，二层平面图中门窗有了较大变动。M-1仍为休息室的门，但布置的位置都改在了B轴线处。一层平面图中C-1的位置都改为了C-2，数量不变。南向房间的门窗，原M-2和C-2，都改为了M-1和C-3，每间各一个。楼梯间的窗户不变。

⑤ 看平面的标高，二层平面标高改为3.300。

3. 建筑顶层平面图

顶层平面图（图2-17）的图示内容和方法与二层平面图基本相同，它们的不

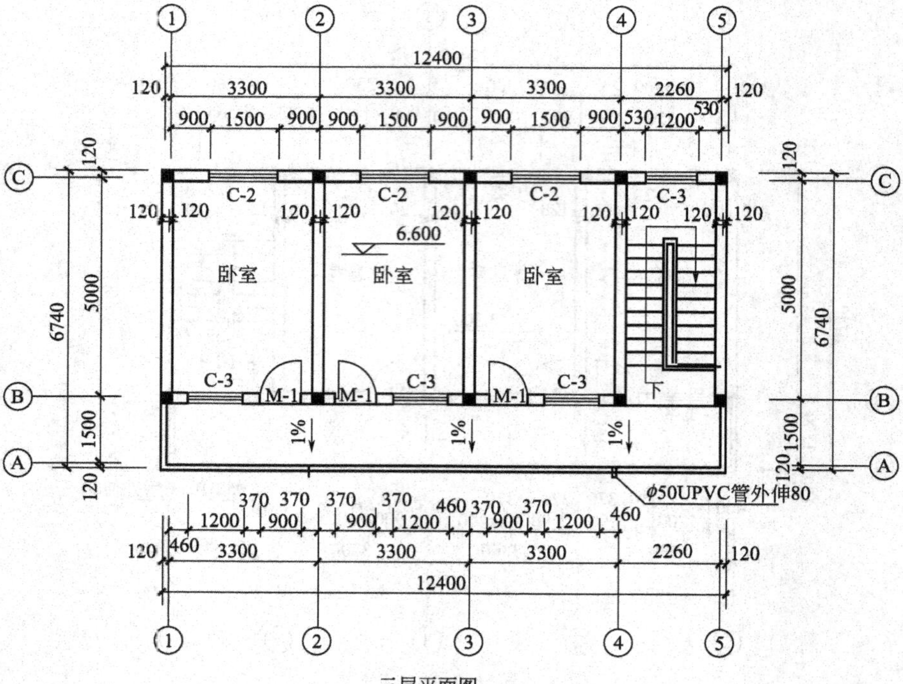

图2-17　顶层平面图

同之处如下。

① 在顶层平面图中，楼梯间的梯段不再被水平剖切面剖断，用倾斜 45°的折断线表示，因为它已经上到了房屋的最顶层，不再需要上行的梯段，所以在 B 轴线处楼梯的扶手直接连在了 5 轴的墙体上。

② 三层平面的标高，由二层平面的 3.300 改为 6.600。

4. 建筑屋顶平面图

① 在屋顶平面图（图 2-18）中，主要显示出屋面的排水方向（用箭头表示）是由 A 轴坡向 B 轴，坡度为 2%。在 C 轴线的下方设有天沟，将屋面上的雨水都汇集在天沟内。在天沟内的一定位置处，设有方向不同坡度为 1%的坡。在 1 轴、3 轴、5 轴与 C 轴线的交接处，各设有一雨水管。天沟内聚集的雨水顺雨水管流向地面。

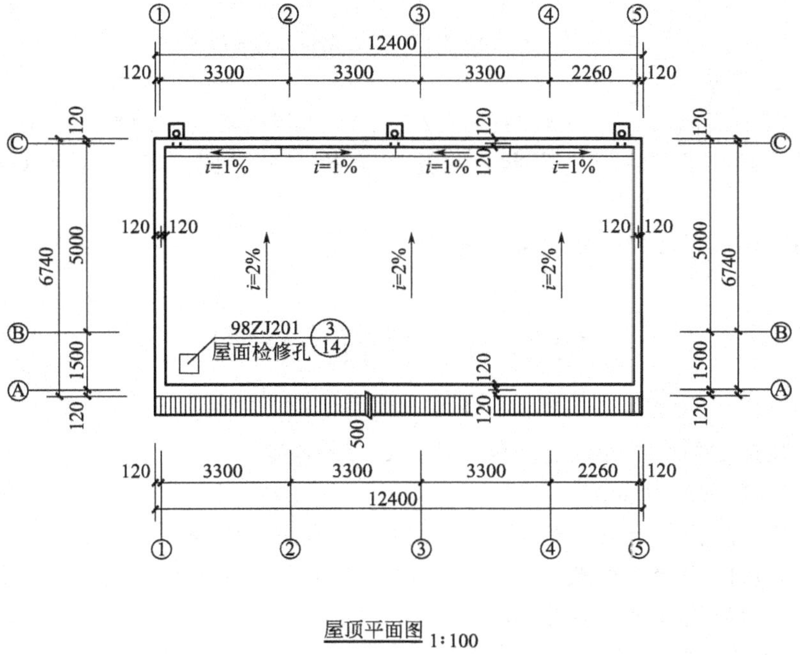

图 2-18　屋顶平面图

② 在图的左下角，设有屋面检修孔。索引符号表明了检修孔的出处位于图集 98ZJ201 中 14 页第 3 节点。

③ 在 A 轴的下侧，设有净宽 500mm 的坡檐。坡檐主要是为了装饰房屋，使立面更丰富，与排水无关，一般设置在层高处或主要立面处。

④ 房屋四周均设有 240mm 宽的女儿墙，沿外围轴线布置，闭合形成一个矩形。

七、建筑平面图的相关规定

① 平面布置应根据建筑的使用性质、功能、工艺要求等，合理布局。

② 平面布置的柱网、开间、进深等定位轴线的尺寸，应符合现行国家标准《建筑模数协调统一标准》等有关标准的规定。

③ 根据使用功能，应使大多数房间或重要房间布置在有良好日照、采光、通风和景观的部位。对有私密性要求的房间，应防止视线的干扰。

④ 平面布置宜具有一定的灵活性。

⑤ 地震区的建筑，平面布置宜规整，不宜错层。

八、要诀及释义

1. 要诀

建筑平图很直观，如苹果去上看下半；
看到内容很全面，每项东西标示完；
平面图里内容全，方方面面都要看；
楼梯标注要美观，各处标注要完全。

2. 要诀释义

看建筑平面图时，拿苹果的例子来说吧，把苹果横向切成两半，切开之后把上半部分去掉，看到曲面的形状，就是苹果的一个平面。读图时应仔细看每项内容。

楼梯的标注尺寸要全面而且要美观。

第四节　建筑立面图

一、建筑立面图的形成、数量、命名及有关规定

1. 建筑立面图的形成

在与房屋立面平行的投影面上形成的正投影图，称为建筑立面图，简称立面图。它主要反映房屋的外貌、各部分配件的形状和相互关系以及立面装修的做法等，是建筑及装饰施工的重要图样。

2. 建筑立面图的作用

一栋建筑给人的第一印象往往是建筑的立面，立面设计的优劣直接影响着建筑的形象。立面设计相对于造型设计主要分为两部分：大体块的设计，即为了反映建筑功能特征，结合建筑内部空间及其使用要求而进行的体量设计，这类功能的立面设计形成了建筑的大体造型；体量的变形，主要是对建筑体型的各个方面进行深入的刻画和处理，使整个建筑形象趋于完善，同时合理确定立面各组成部分的形状、色彩、比例关系、材料质感等，运用节奏、韵律、虚实对比等构图规律设计出完整、美观、反映时代特征的立面。

实际上，平面和立面是一个实体的不同表达方式，平面与立面是密不可分的。平面是方的，立面整体上必然也是方的；平面有凹凸，一般情况下立面上也有凹凸；平面层数局部增加，则立面也必然局部高起。从建筑造型和整体来看，平面和立面有如形与影的关系。

3. 建筑立面图的数量

立面图的数量是根据建筑物立面的复杂程度来定的，可能有两个、三个或四个。对于两个方向对称的建筑，在对称方向上的立面图可以只有一个；如果每个立面都不相同，则每个方向的立面图各有一个。有的建筑，布局较为自由，可能成L形、U形或“口”字形等。这个时候，即使看四个立面也不能很直观地看出建筑的外观，这就要结合相应位置的剖面图一起来看了。

4. 建筑立面图的命名

建筑立面图一般有三种命名方式。

① 按房屋的朝向来命名。建筑在各个位置上的立面图被称为南立面图、北立面图、东立面图、西立面图。

② 按立面图中首尾定位轴线编号来命名，如①～⑤立面图、⑤～①立面图、Ⓐ～Ⓕ立面图、Ⓕ～Ⓐ立面图。

③ 按房屋立面的主次（房屋主出入口所在的墙面为正面）来命名。按建筑物立面的主次，把建筑物主要入口面或反映建筑物外貌主要特征的立面图称为正立面图。从而确定背立面图、左侧立面图、右侧立面图。

三种命名方式各有特点，在绘图时应根据实际情况灵活选用，其中以轴线编号的命名方式最为常用。

5. 建筑立面图的有关规定

(1) 建筑立面图中的线型规定　为了使立面图外形清晰、层次感强，立面图应采用多种线型画出。立面图的外轮廓用粗实线；门窗洞、檐口、阳台、雨篷、台阶、花池等凸出部分的轮廓用中实线绘制；门窗扇及其分格线、花格、雨水管、引条线、有关说明的引出线、尺寸线、尺寸界线和标高等均用细实线表示；室外地坪线用加粗实线表示。由于立面图的比例较小，所以门窗可按规定的图例绘制（详见图例）。有时立面图中的阳台门和部分窗中画有斜的细线，用来表示门窗的开启方向，细实线表示外开，细虚线表示内开，开启线两条斜线的交点表示门窗转轴的位置。凡是相同的，只要画其中一个就可以了，其余部分可只画出门窗洞轮廓线。

(2) 建筑立面图中的画法规定

① 对建筑物各竖向立面作正投影的方法绘制。

② 建筑立面图应包括投影方向可见的建筑外轮廓线和墙面线脚、构配件、墙面做法及必要的尺寸和标高等。

③ 室内立面图应包括投影方向可见的室内轮廓线和装修构造、门窗、构配件、墙面做法、固定家具、灯具、必要的尺寸和标高及需要表达的非固定家具、灯具、装饰物件等（室内立面图的顶棚轮廓线，可根据具体情况只表达吊平顶或同时表达

吊平顶和结构顶棚)。

④ 对平面形状曲折的建筑物，可绘制展开立面图、展开室内立面图。圆形或多边形平面的建筑物，可分段展开绘制立面图、室内立面图，但均应在图名后加注“展开”二字。

⑤ 较简单的对称式建筑物或对称的构配件等，在不影响构造处理和施工的情况下，立面图可绘制一半，并在对称轴线处画对称符号。

⑥ 在建筑物立面图上，对相同的门窗、阳台、外檐装修、构造做法等可在局部重点表示，绘出其完整图形，其余部分只画轮廓线。

⑦ 在建筑物立面图上，外墙表面分格线应表示清楚，应用文字说明各部位所用面材及色彩。

⑧ 有定位轴线的建筑物，宜根据两端定位轴线号编注立面图名称（如①～⑩立面图、Ⓐ～Ⓕ立面图）；无定位轴线的建筑物可按平面图各面的朝向确定名称。

⑨ 建筑物室内立面图的名称，应根据平面图中内视符号的编号或字母确定[如1立面图、(A) 立面图]。

⑩ 立面图上一般应在室外地面、室内地面、各层楼面、檐口、窗台篷底、阳台面等处注写标高，并沿高度方向注写各部分的高度尺寸，高度的尺寸界线应与所注标高的位置一致。

二、建筑立面图的内容

① 图名、比例、立面两端的轴线及编号。详细的轴线尺寸以平面图为准，立面图中只画出两端的轴线，以明确位置，但轴线位置及编号必须与平面图对应起来。

② 外墙面的体型轮廓和屋顶外形线在立面图中通常用粗实线表示。

③ 门窗的形状、位置与开启方向是立面图中的主要内容。门窗洞口的开启方式、分格情况都是按照有关的图例绘制的。有些特殊的门窗，如不能直接选用标准图集，还会附有详图或大样图。

④ 外墙上的一些构筑物。按照投影原理，立面图反映的还有室外地坪以上能够看得到的细部，如勒脚、台阶、花台、雨篷、阳台、檐口、屋顶和外墙面的壁柱雕花等。

⑤ 标高和竖向的尺寸。立面图的高度主要以标高的形式来表现，一般需要标注的位置有：室内外的地面、门窗洞口、栏板顶、台阶、雨篷、檐口等。这些位置，一般标清楚了标高，竖向的尺寸可以不写。竖向尺寸主要标注的位置常设在房屋的左右两侧，最外面的一道总尺寸标明的是建筑物的总高度，第二道分尺寸标明的是建筑物的每层层高，最内侧的一道分尺寸标明的是建筑物左右两侧的门窗洞口的高度、距离本层层高和上层层高的尺寸。

⑥ 立面图中常用相关的文字说明来标注房屋外墙的装饰材料和做法。通过标注详图索引，可以将复杂部分的构造另画详图来表达。

三、建筑立面图的图示特点

1. 简洁的正投影图

建筑立面图首先是一个正投影图。与平面图比较起来，它显得比较简洁，更为直观一些。它的简洁之处在于图中大部分都是以单线条表示。只要在一个平面上没有凹凸、没有分隔的墙体，立面图上只表现出它的外轮廓。方正的门窗洞口，在立面图上可能只显示为一矩形。但只要是墙体有变化的地方，哪怕只是上下外墙装饰材料不同，也会用分隔线来表示。

2. 建筑物的外形轮廓

在平面图中定位了墙体的布局后，立面图主要控制着建筑的细部外观以及进行高度的把握。只有高度和宽度比例合适，整体建筑看起来才会协调；细部做得丰富了，建筑外观才会更完善。建筑物的外形轮廓一般以粗实线表示，显得更醒目。

3. 确定建筑物的各部位标高

建筑物的各部位标高可以依建筑物的层高或净高而定，工程上常用层高或净高来控制尺寸。确定层高时，除考虑室内净高与楼板结构构造的厚度外，必须使层高符合建筑模数，并力求节省空间。各种类别的建筑层高要求均不相同，如住宅、办公、会议室、阶梯教室、工业厂房等。一般民用建筑的层高为：住宅 2.7～2.8m；宿舍 2.7～2.8m 或 3.3～3.6m；中学教室为 3.6～3.9m；小学教室为 3.3～3.6m；办公室为 3.0～3.6m。建筑层高不仅应结合建筑的使用功能、工艺要求和技术经济条件综合确定，还要符合专用建筑设计规范和当地城市规划部门及有关专业的要求。

室内净高应按楼地面完成面至吊顶或楼板或梁底面之间的垂直距离计算；当楼盖、屋盖的下悬构件或管道底面影响有效使用空间时，应按楼地面完成面至下悬构件下缘或管道底面之间的垂直距离计算，如地下室、局部夹层、走道等有人员正常活动的最低处的净高不应小于 2m。

在同一层的建筑各部位的标高原则上均应位于本层层高和上层层高之间，除非是为了立面的特殊需要。确定了建筑物的层高，就等于有了一个范围。例如，通常住宅门高度在 2100mm、2400mm、2700mm；窗户高度在 1200mm、1500mm、1800mm 左右，设置在窗台离地 900mm 处；不封闭阳台的栏板高度在 1050mm、1100mm 左右。有了这些，就可以根据本层层高加上离地高度算出各部位的底标高和顶标高，各部位的标高通常直接注写在立面图上相应的部位。

4. 标示屋面做法详图索引

屋面的做法如果相对简单，可以直接在立面图中表示。例如，只有一定高度的女儿墙，没有装饰，在立面图上只用单线条表示即可。屋面的做法如果比较复杂，直接在立面图中不能将做法和构造表达清楚，就需要用详图索引的方法另画详图或者选用相应的图集。

四、建筑立面图的识读技巧及实例

1. 建筑立面图的识读技巧

① 首先看立面图上的图名和比例，再看定位轴线确定是哪个方向上的立面图及绘图比例是多少，立面图两端的轴线及其编号应与平面图上的相对应。

② 看建筑立面的外形，了解门窗、阳台栏杆、台阶、屋檐、雨篷、出屋面排气道等的形状及位置。

③ 看立面图中的标高和尺寸，了解室内外地坪、出入口地面、窗台、门口及屋檐等处的标高位置。

④ 看房屋外墙面装饰材料的颜色、材料、分格做法等。

⑤ 看立面图中的索引符号、详图的出处、选用的图集等。

2. 建筑立面图实例解析

① 图 2-19 所示为一房屋①～⑤立面图，用轴线标注立面图的名称，图的比例为 1∶100，图中表明建筑的层数是三层，①～⑤立面图是房屋的正立面图。

从右侧的尺寸、标高可知，该房屋室外地坪为－0.300m。可以看出一层大门的底标高为±0.000，顶标高为 2.400；一层窗户的底标高为 0.900，顶标高为 2.400；二、三层阳台栏板的顶标高分别为 4.400、7.700；二、三层门窗的顶标高分别为 5.700、9.000；底部因为栏板的遮挡，看不到，所以底标高没有标出。

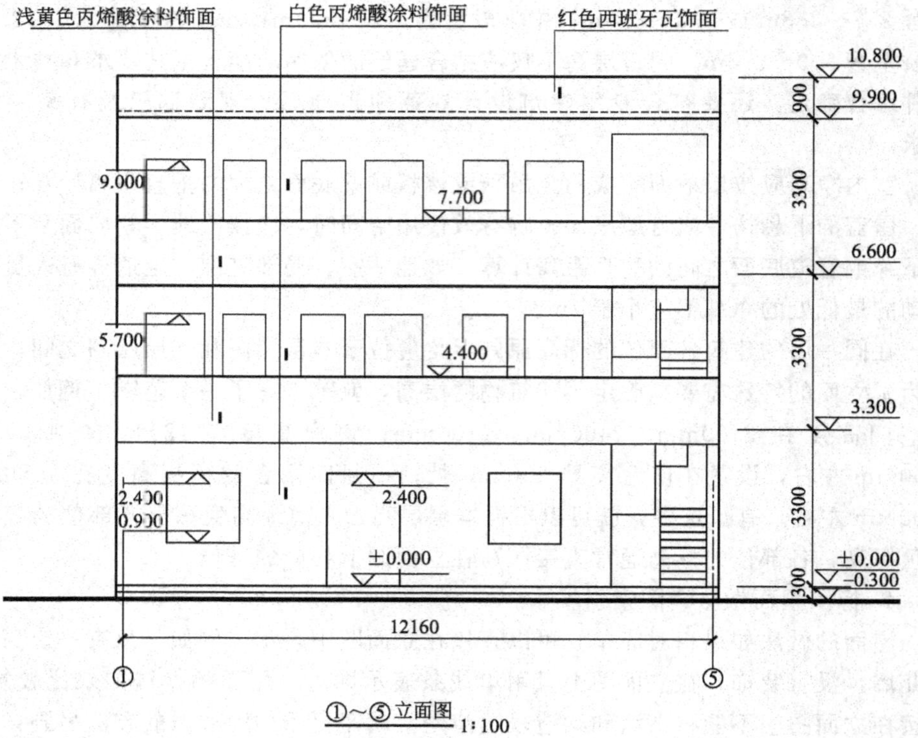

图 2-19　正立面图

从图 2-19 中可以看出楼梯位于正立面图的右侧，上行的第一跑位于 5 号轴线处，每层有两跑到达。

从顶部引出线看到，建筑的外立面材料由浅黄色丙烯酸涂料饰面，内墙由白色丙烯酸涂料饰面，女儿墙上的坡屋檐由红色西班牙瓦饰面。

② 图 2-20 所示为房屋⑤～①立面图，用轴线标注立面图的名称，图的比例为 1∶100，图中表明建筑的层数是三层，⑤～①立面图是房屋的背立面。

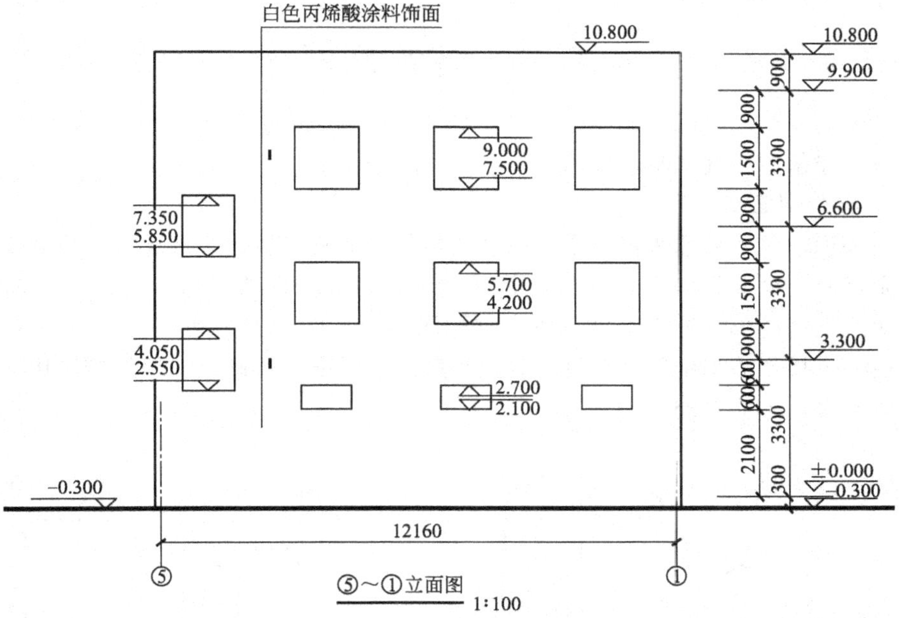

图 2-20　背立面图

从右侧的尺寸、标高可知，该房屋室外地坪为－0.300m。可以看出一层窗户的底标高为 2.100，顶标高为 2.700；二层窗户的底标高为 4.200，顶标高为 5.700；三层窗户的底标高为 7.500，顶标高为 9.000。位于图面左侧的是楼梯间窗户，它的一层底标高为 2.550，顶标高为 4.050；二层底标高为 5.850，顶标高为 7.350。

从顶部引出线看到，建筑的背立面装饰材料比较简单，为白色丙烯酸涂料饰面。

五、要诀及释义

1. 要诀

建筑立面不简单，犹如相机照相片；
反映全面及配件，常有南、北、东立面；
轴线命名有特点，竖向标注以“米”算；
门窗处有定位线，方便识图又全面。

2. 要诀释义

建筑物的立面图主要反映房屋的外貌，各部分配件的形状、相互关系及立面装饰做法等，它是建筑及装饰施工的重要依据。

建筑物的立面图可能有两个、三个或四个。

立面图一般按首尾定位轴线的编号来命名。

为了使立面图外形清晰、层次感强，应采用多种线型画出。

第五节　建筑剖面图

一、建筑剖面图的基本知识

1. 建筑剖面图的形成

如果说建筑平面图是由一个假想的水平剖切面将房屋剖切形成的，那么建筑剖面图则是由一个假想的竖直剖切面将房屋剖切，移去剖切平面与观察者之间的部分，对留下来的部分进行正投影所得到的图样，如图 2-21 所示。剖切平面是假想的，由一个投影图画出剖面图后，其他投影图不受剖切的影响，仍然按剖切前的完整形体来画，不能画成半个。

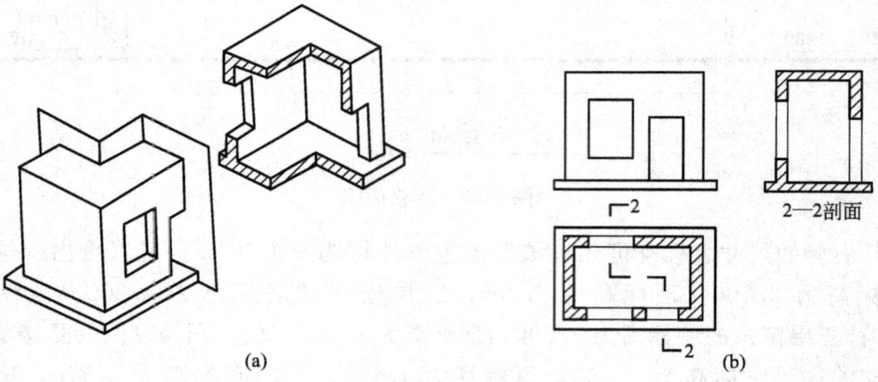

图 2-21　建筑剖面图的形成

2. 建筑剖面图表达的内容

建筑剖面图主要表达了建筑内部在高度方向上的结构形式、楼层的分布、垂直方向的高度尺寸以及各部分之间的联系等情况。它与建筑平面图的原理一样，但表达的重点有很大差别，它表现的主要是房间及门窗的高度，楼梯踏步的具体尺寸、走向，休息平台的尺寸、标高，楼板的布置方法，屋面的坡度和屋顶形式等。

3. 建筑剖面图的数量

剖面图的数量是根据房屋的具体情况和施工的实际需要决定的。剖切面一般横向，即平行于侧面，必要时也可纵向，即平行于正面。其位置应选择在能反映出房屋内部构造的比较复杂和典型的部位，并应通过门窗洞的位置。若为多层房屋，剖切面应选择在楼梯间或层高不同、层数不同的部位。剖面图的图名应与平面图上所标注剖切符号的编号一致，如1—1剖面图、2—2剖面图等。

4. 建筑剖面图的相关规定

（1）剖面图中的图线　形体被切开后，移开部分的形体表面的可见轮廓线不存在了，在剖面图中不再画出。剖切平面所切到的实心体形成切断面。为了突出断面部分，剖面图中被剖到的构配件的轮廓线用粗实线绘制，断面轮廓范围内按国家标准规定画成材料图例，材料图例如不能指明形体的建筑材料时，则用间距相等、与水平线成45°角并相互平行的细实线作图例线。在剖面图中，除断面轮廓以外，其余投影可见的线均画成中粗实线。对于那些不重要的、不影响表示形体的虚线，一般省去不画。

（2）剖切面的标注　为了方便看图，应把所画的剖面图的剖切位置、投影方向及剖面编号在与剖面图有关的投影图中，用剖切符号表示出来。

通常在下列剖面图中不标注剖切符号：通过门、窗口的水平剖面图，即建筑平面图；通过形体的对称平面、中心线等位置剖切所画出的建筑剖面图。

（3）剖切位置的选取　建筑剖面图的剖切位置通常选择在能表现建筑物内部结构，构造比较复杂、有变化、有代表性的部位。一般应通过门窗洞口、楼梯间及主要出入口等位置。

必要时，还要采用几个平行的平面进行剖切。

二、建筑剖面图的主要组成内容

1. 图名、比例和定位轴线

① 建筑剖面图的图名表示为“1—1剖面图”或“Ⅰ—Ⅰ剖面图”，即用阿拉伯数字、罗马数字或拉丁字母加“剖面图”形成。

② 建筑剖面图的比例常用1∶100，有时为了专门表达建筑的局部时，剖面图比例可以用1∶50，如楼梯间剖面大样图。

③ 在建筑剖面图中，定位轴线的绘制与平面图中相似，通常只需画出承重外墙体的轴线及编号。轻质隔墙或其他非重要部位的轴线一般不用画出，需要时，可以标明到最临近承重墙体轴线的距离。

2. 剖切到的构配件及构造

剖切到的构配件主要有：剖切到的屋面（包括隔热层及吊顶），楼面，室内外地面（包括台阶、明沟及散水等），内外墙身及其门、窗（包括过梁、圈梁、防潮层、女儿墙及压顶），各种承重梁和联系梁，楼梯梯段及楼梯平台，雨篷及雨篷梁，阳台，走廊等。

① 在建筑剖面图中，因为室内外地面的层次和做法一般都可以直接套用标准图集，所以剖切到的结构层和面层的厚度在使用1∶100的比例时只需画两条粗实

线表示，使用1∶50的比例时，除了画两条粗实线外，还需在上方再画一条细实线表示面层，各种材料的图块要用相应的图例填充。

② 楼板底部的粉刷层一般不用表示，其他可见的轮廓线如门窗洞口、内外墙体的轮廓、栏杆扶手、踢脚、勒脚等均要用粗实线表示。

③ 有地下室的房屋，还需画出地下部分的室内外地面及构件，下部截止到地面以下基础墙的圈梁以下，用折断线断开。除了此种情况以外，其他房屋则不需画出室内外地面以下的部分。

④ 在剖面图中，主要表达清楚的是楼地面、屋顶、各种梁、楼梯段及平台板、雨篷与墙体的连接等。当使用1∶100的比例时，这些部位很难显示清楚。被剖切到的构配件当比例小于1∶100时，可简化图例，如钢筋混凝土可涂黑；比较复杂的部位，常采用详图索引的方式另外引出，再画出局部的节点详图，或直接选用标准图集的构造做法。楼梯间的剖面，要表达清楚被剖切到的梯段和休息平台的断面形式；没有被剖切到的梯段，要绘出楼梯扶手的样式投影图。

3. 未剖切到的可见的构配件

在剖面图中，主要表达的是剖切到的构配件的构造及其做法，所以常用粗实线表示。对于未剖切到的可见的构配件，也是剖面图中不可缺少的部分，但不是表现的重点，所以常用细实线表示，和立面图中的表达方式基本一样。

未剖切到的可见的构配件，如可见的楼梯梯段、栏杆扶手、走廊端头的窗，可见的梁、柱，可见的水斗和雨水管，可见的踢脚和室内的各种装饰等。

4. 竖直方向的尺寸和标高

(1) 尺寸的标注　剖面图的尺寸标注一般有外部尺寸和内部尺寸之分。在剖面图之中，室外地坪、外墙上的门窗洞口、檐口、女儿墙顶部等处的标高，以及与之对应的竖向尺寸、轴线间距尺寸、窗台等细部尺寸为外部尺寸；室内地面、各层楼面、屋面、楼梯平台的标高及室内门窗洞的高度尺寸为内部尺寸。

(2) 标高的标注　在剖面图中标高的标注，在某些位置是必不可少的，如每层的层高处、女儿墙顶部、室内外地坪处、剖切到但又未标明高度的门窗顶底处、楼梯的转向平台、雨篷等。

5. 施工说明等文字标注、详图索引符号

对于剖面图中不能用图样的方式表达清楚的地方，应加以适当的施工说明来注释。详图索引符号用于引出详图。

三、建筑剖面图的图示特点及主要作用

1. 反映建筑物的内部结构、构造关系及尺寸

建筑剖面图的主要任务是根据房屋的使用功能和建筑外观造型的需要，考虑层数、层高及建筑在高度方向的安排方式。它用来表示建筑物内部垂直方向的结构形式、分层情况、内部构造以及各部位的高度，同时还要表明房屋各主要承重构件之间的相互关系，如各层梁、板的位置及其与墙、柱的关系，屋顶的结构形式及其尺

寸等。

2. 采用节点详图和施工说明来表达具体做法

地面以上的内部结构和构造形式，主要由各层楼面、屋面板的设置决定。在剖面图中，主要是表达清楚楼面层、屋顶层、各层梁、梯段、平台板、雨篷等与墙体间的连接情况。但在比例为1∶100的剖面图中，对于楼板、屋面板、墙身、天沟等详细构造的做法，不能直接详细地表达，往往要采用节点详图和施工说明的方式来表明构件的构造做法。

详图一般采用较大比例，如1∶1、1∶5、1∶10等，单独绘制，同时还要附加详细的施工说明。节点详图的特点是比例大，图示清楚，尺寸标注齐全，文字说明准确、详细。施工说明表达了图纸无法表达的重要内容，如设计依据、采用图集、细部构造的具体做法等。

3. 不同的剖切面区别表达

① 一般情况下，简单的楼房有两个剖面图即可。一个剖面图表达建筑的层高、被剖切到的房间布局及门窗的高度等；另一个剖面图表达楼梯间的尺寸、每层楼梯的踏步数量及踏步的详细尺寸、建筑入口处的室内外高差、雨篷的样式及位置等。

② 有特殊设备的房间，如卫生间、实验室等，需用详图标明固定设备的位置、形状及其细部做法等。局部构造详图中如墙身剖面、楼梯、门窗、台阶、阳台等都要分别画出。有特殊装修的房间，需绘制装修详图，如吊顶平面图等。

4. 以确定竖向尺寸为主

建筑剖面图的所有内容都与建筑物的竖向高度有关，它主要用来确定建筑物的竖向高度。所以在看剖面图时，主要看它的竖向高度，并且要与平面图、立面图结合着看。在剖面图中，主要房间的层高是影响建筑高度的主要因素，为保证使用功能齐全、结构合理、构造简单，应结合建筑规模、建筑层数、用地条件和建筑造型，进行相应的处理。

5. 在施工过程中，依据建筑剖面图进行分层，砌筑内墙，铺设楼板、屋面板和楼梯，内部装修等工作。

建筑剖面图与建筑立面图、建筑平面图结合起来表示建筑物的全局，因而建筑平、立、剖是建筑施工最基本的图样。

四、建筑剖面图应注意的几个要点

1. 剖切位置的选取

剖面图的剖切位置，应选择在内部结构和构造比较复杂或有代表性的部位。剖面图的剖切位置和剖视方向，可以在底层平面图中找到。

首先看建筑剖面图表达的主要内容，再对应底层平面图看剖切面的位置。想一下为什么选择在这个位置来剖切，它的目的在于要表现的是哪一部分的详细做法或构造。

2. 剖面图表达要点

剖面图中的室内外地面用一加粗单线表示，地面以下部分一般不需要画出，因为用结构施工图中的基础图来表示，所以把室内外地面以下的基础墙画上折断线。至于其层次和做法，可在剖面图中直接表达或在墙身剖面详图中表达，或在施工说明中解释。各层楼面都设有楼板，屋面设有屋面板，它们搁置在墙或楼（屋）面梁上，为满足排水的需要，屋面板铺设成一定的坡度，并在檐口处或其他有需要的部位设置天沟板，使水通过天沟排向雨水管。楼板和屋面板的形状可用两条线示意性地表示。当楼板构造层次、做法较复杂时，可用详图表明，而简单的可直接在剖面图中注明。

在剖面图中剖切到的门窗洞上方要画出过梁的断面、在结构平面上布置的圈梁。在剖面图中，除了必须画出被剖切到的构件（如墙身、室内外地面、楼板层、屋顶层、各种梁、梯段、平台等）外，还应画出未剖切到的可见部分（如门窗、楼梯段、楼梯扶手等）。

3. 剖面图识图技巧

① 先看图名、轴线编号和绘图比例。将剖面图与底层平面图对照，确定建筑剖切的位置和投影的方向，从中了解剖面图表现的是房屋哪部分、向哪个方向的投影。

② 看建筑重要部位的标高，如女儿墙顶的标高、坡屋面屋脊的标高、室外地坪与室内地坪的高差、各层楼面及楼梯转向平台的标高等。

③ 看楼地面、屋面、檐线及局部复杂位置的构造。楼地面、屋面的做法通常在建筑施工图的第一页建筑构造中选用了相应的标准图集，与图集不同的构造通常用一引出线指向需要说明的部位，并按其构造层次依次列出材料等说明，有时绘制在墙身大样图中。

④ 看剖面图中某些部位坡度的标注，如坡屋面的倾斜度、平屋面的排水坡度、入口处的坡道、地下室的坡道等需要做成斜面的位置，通常这些位置标注的都有坡度符号，如2%或1∶5等。

⑤ 看剖面图中有无索引符号。剖面图不能表达清楚的地方，应注有索引符号，对应详图看剖面图，才能将剖面图真正看明白。

五、建筑剖面图的相关规范及规定

① 剖面图的剖切部位，应根据图纸的用途或设计深度，在平面图上选择能反映其全貌、构造特征以及有代表性的部位。

② 各种剖面图应按正投影法绘制。

③ 建筑剖面图内应包括剖切面和投影方向可见的建筑构造、构配件以及必要的尺寸、标高，各层间的交通情况，楼梯间的位置和形式等。

④ 剖切符号可用阿拉伯数字、罗马数字或大写拉丁字母编号。画室内立面时，相应部位的墙体、楼地面的剖切面宜有所表示，必要时，占空间较大的设备管线、

灯具等的剖切面，也应在图纸上绘出。

⑤ 剖视的剖切符号应符合下列规定。剖视的剖切符号应由剖切位置线和投射方向线组成，均应以粗实线绘制，剖切位置线的长度宜为 6～10mm，投射方向线应垂直于剖切位置线，长度应短于剖切位置线，宜为 4～6mm（图 2-22）。

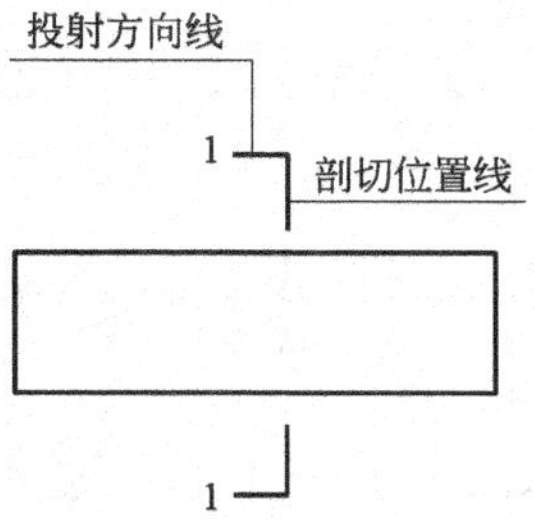

图 2-22　剖切符号

绘制时，剖视的剖切符号不应与其他图线相接触。剖切符号的编号宜按顺序由左至右、由下至上依次编排，并应注写在剖视方向线的端部。需要转折的剖切位置线，应在转角的外侧加注与该符号相同的编号。建（构）筑物剖面图的剖切符号应注在±0.000 标高的平面图上。

六、建筑剖面图实例解析

图 2-23 所示为某学校男生宿舍楼的两个剖面图。

① 看图名和比例可知，这两个剖面图分别是 1—1、2—2 剖面图，比例为 1∶100。对应建筑的底层平面图，找到剖切的位置和投射的方向。

② 1—1、2—2 剖面图表示的都是建筑 A～F 轴之间的空间关系。因剖切的位置不同，表达的要点也不一样。1—1 剖面图表达的主要是宿舍房间及走廊的部分；2—2 剖面图表达的主要是楼梯间的详细布置及与宿舍房间的关系。

③ 从 1—1 剖面图可以看出，该房屋为五层楼房，平屋顶，屋顶四周有女儿墙，为混合结构。屋面排水采用材料找坡 2% 的坡度；房间的层高分别为±0.000m、3.300m、6.600m、9.900m、13.200m。屋顶的结构标高为 16.500m。宿舍的门高度均为 2700mm，窗户高度为 1800mm，窗台离地 900mm。走廊端部的墙上中间开一窗，窗户高度为 1800mm。剖切到的屋顶女儿墙高 900mm，墙顶标高为 17.400m。能看到的但未剖切到的屋顶女儿墙高低不一，高度分别为 2100mm、2700mm、3600mm，墙顶标高为 18.600m、19.200mm、20.100mm。从建筑底部标高可以看出，此建筑的室内外高差为 450mm。底部的轴线尺寸标明，宿舍房间的进深尺寸为 5400mm，走廊宽度为 2800mm。另外有局部房间尺寸凸出主轴线，如 A 轴到 B 轴间距 1500mm，E 轴到 F 轴间距 900mm。

④ 从 2—2 剖面图可以看出建筑的出入口及楼梯间的详细布局。在 F 轴处为建筑的主要出入口，门口设有坡道，高 150mm（从室外地坪标高－0.45m 和楼梯间门内地面标高－0.300m 可算出）；门高 2100mm（从门的下标高为－0.300m，上

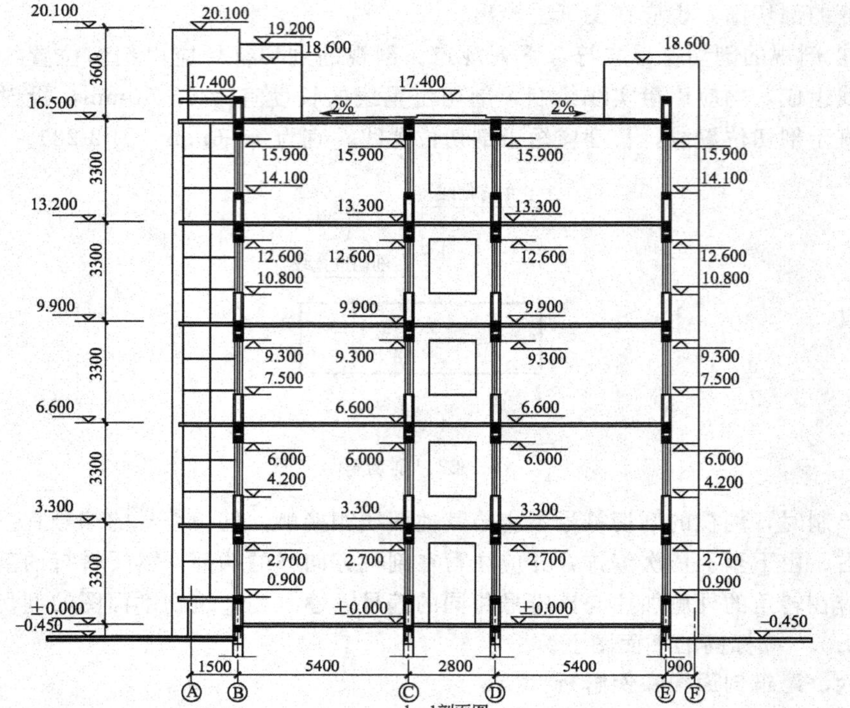

1—1剖面图 1:100

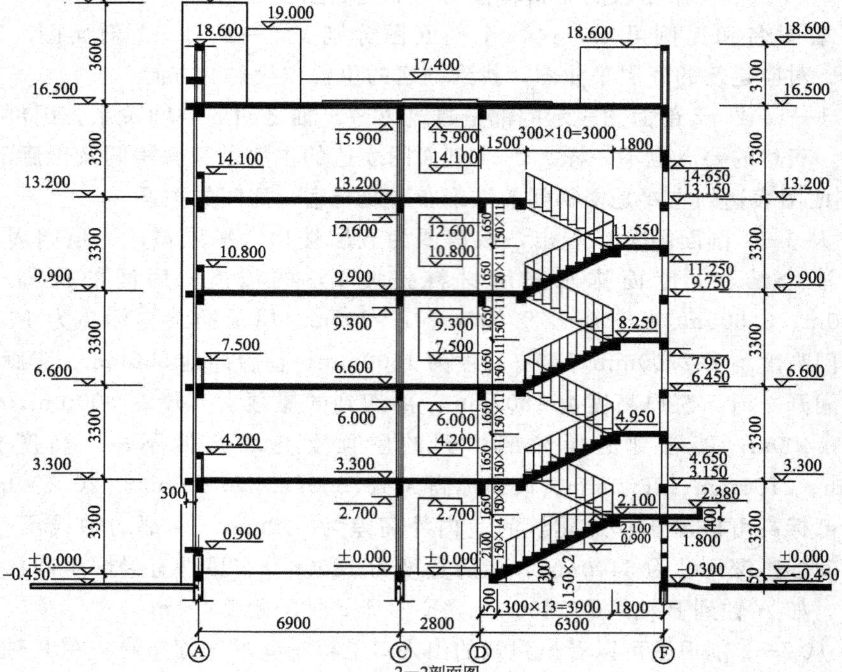

2—2剖面图 1:100

图 2-23　某学校男生宿舍楼剖面图

标高 1.800m 得出)；门口上方设有雨篷，雨篷高 400mm，顶标高为 2.380m。进入到楼梯间，地面标高为－0.300m，通过两个总高度为 300mm 的踏步上到一层房间的室内地面高度（即±0.000m 标高处）。

⑤ 每层楼梯都是由两个梯段组成。除一层外，其余梯段的踏步数量及宽高尺寸均相同。一层的楼梯特殊些，设置成了长短跑。即第一个梯段较长（共有 13 个踏步面，每个踏步 300mm，共有 3900mm 长），上的高度较高（共有 14 个踏步高，每个踏步高 150mm，共有 2100mm 高）；第二个梯段较短（共有 7 个踏步面，每个踏步 300mm，共有 2100mm 长），上的高度较低（共有 8 个踏步高，每个踏步高 150mm，共有 1200mm 高）。这样做的目的主要是将一层楼梯的转折处的中间休息平台抬高，使行人在平台下能顺利通过。可以看出，休息平台的标高为 2.100m，地面标高为－0.300m，所以下面空间高度（包含楼板在内）为 2400mm。除去楼梯梁的高度 350mm，平台下的净高为 2050mm。这样就满足了《民用建筑设计通则》6.7.5“楼梯平台上部及下部过道处的净高不应小于 2m”的规定。二层到五层的楼梯均由两个梯段组成，每个梯段有 11 个踏步，踏步的高 150mm、宽 300mm，所以梯段的长度为 300mm×10＝3300mm，高度为 150mm×11＝1650mm。楼梯间休息平台的宽度均为 1800mm，标高分别为 2.100m、4.950m、8.250m、11.550m。在每层楼梯间都设有窗户，窗的底标高分别为 3.150m、6.450m、9.750m、13.150m，窗的顶标高分别为 4.650m、7.950m、11.250m、14.650m。每层楼梯间的窗户距中间休息平台高 1500mm。

⑥ 与 1—1 剖面图不同的是，走廊底部是门的位置。门的底标高为±0.000m，顶标高为 2.700m。1—1 剖面图的 D 轴线表明是被剖切到的是一堵墙；而 2—2 剖面图只是画了一个单线条，并且用细实线表示，它说明走廊与楼梯间是相通的，该楼梯间不是封闭的楼梯间，人流可以直接走到楼梯间再上到上面几层。单线条是可看到的楼梯间两侧墙体的轮廓线。

⑦ 另外，在 A 轴线处的窗户与普通窗户设置方法不太一样。它的玻璃不是直接安在墙体中间的洞口上的，而是附在墙体外侧，并且通上一直到达屋顶的女儿墙的装饰块处的。实际上，它就是一个整体的玻璃幕墙，在外立面看，是一个整块的玻璃。玻璃幕墙的做法有隐框和明框之分，详细做法可以参考标准图集。每层层高处在外墙外侧伸出装饰性的挑檐，挑檐宽 300mm，厚度与楼板相同。每层窗洞口的底标高分别为 0.900m、4.200m、7.500m、10.800m、14.100m，窗洞口顶标高由每层的门窗过梁决定（用每层层高减去门窗过梁的高度可以得到）。

七、要诀及释义

1. 要诀

剖面图既难又繁，苹果竖刀切个半；
留下一半随切看，看到内容全展现；
剖切线型需要变，虚实粗细要细看；

剖到混凝土粗实线，剖到门窗细实线；

剖切标高要标全，定位轴线要标完。

2. 要诀释义

建筑物的剖面图的原理与苹果的竖直剖面图一样，将苹果放在桌面上，用刀竖直切，分成两半，看到的向一方向投影，就是苹果的一个剖面图。

建筑剖面图主要表达了建筑内高度方向上的结构形式、楼层的分布、垂直方向的高度尺寸以及各部分之间的联系情况。

剖切图中的线型有许多，虚线、实线、粗线、细线，要一一看清。

当剖到混凝土时用粗实线，剖到门窗时用细实线。

剖切过程中，定位轴线和标高要标示完全，不要漏掉任何内容。

第三章　建筑详图

第一节　建筑详图的基础知识

一、建筑详图概述

1. 建筑详图的概念

建筑的平面图、立面图、剖面图主要用来表达建筑的平面布置、外部形状和主要尺寸，但反映的内容范围大，比例小，对建筑的细部构造难以表达清楚。为了满足施工的要求，把建筑的细部构造用较大的比例详细地表达出来，这样的图称为建筑详图，有时也称大样图，如图3-1所示。

建筑详图是建筑细部构造的施工图。因为建筑平、立、剖面图一般采用较小的比例，因而无法表达清楚某些建筑构配件（如门、窗、楼梯、阳台、各种装饰等）和某些建筑剖面节点（窗台、屋顶层等）的详细构造（包括式样、层次、做法、用料和详细尺寸等），根据施工的需要，必须另外绘制建筑详图，建筑详图是建筑平、立、剖面图的补充。

2. 建筑详图的相关知识

建筑详图其实就是一个重新设计的过程。平、立、剖面图是从总体上对建筑物进行的设计，建筑详图是在局部对建筑物进行的设计。图纸画出来最终是给施工人员看的，施工人员再按照图纸的要求进行施工。所以，任何需要表达

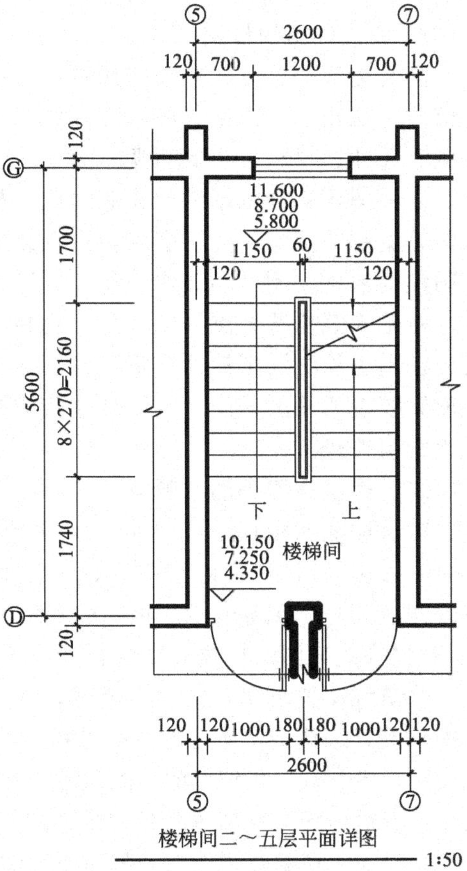

图3-1　楼梯平面详图

清楚的地方，都要画出详图，否则施工人员会无从下手。例如，立面图中画出了窗框的样式，但是它的具体尺寸是多少，用什么材料做，这就需要在详图中表示了。

至于各个专业之间的交接问题，以民用建筑为例，建筑专业画出平面图后（立面图、剖面图在提交时并不必须有），向结构、电气、给排水、暖通专业提交，结构、电气、给排水、暖通专业在收到条件后，根据要求进行各自的工作；完成布置图后，各自向建筑专业提交条件；建筑专业根据其他专业的反交接内容，完善自己的图纸。最后，在出图前，由相互交接的各专业进行会签确认。

图集是一种提高设计效率的工具。常见的构造详图一般有设计单位编制成的标准详图图集，很多详图都能够在图集中找到。在图集中对各个节点的做法都有详细的说明，并明确了其适用范围。在不需要改动的情况下，可以根据图集说明直接选用图集内容，只需在图纸中注明选用的图集名称、图集号、节点所在页码、页码中的节点编号即可，如“雨水口，雨水管详见 88J5-23-2”表示该详图在图集 88J5 第 23 页，节点编号为 2；如果需要改动，可以参考图集中的相关内容进行节点绘制。在改动较小的情况下，在图纸中可以仅表示改动内容，其他的在说明中注明按照图集相关内容施工即可。

3. 建筑详图的作用

因为建筑平、立、剖面图用较小的比例，在这些图上难以表示清楚建筑物的某些部位（如阳台、雨水管等）和一些构造节点（如檐口、窗台、勒脚、明沟等）的形状、尺寸、材料。由此可见，建筑详图是建筑细部构造的施工图，是建筑平、剖、立面图等基本图纸的补充和深化，是建筑工程的细部施工、建筑构配件的制作和预算编制的依据。对于套用标准图或通用图的建筑构配件和节点，只要注明所套用图集的名称、型号和页次等符号，可不必再画详图。

对于建筑构造节点详图，除了要在平、剖、立面图的有关部位绘注索引符号，还应在图上绘注详图符号和写明详图名称，以便对照查阅。对于建筑构配件详图，一般只要在所画的详图上写明该建筑构配件的名称和型号，不必在平、剖、立面图上绘索引符号。

二、建筑详图的图示特点

建筑详图的特点是比例大，反映的内容详尽，常用的比例有 1∶50、1∶20、1∶10、1∶5、1∶2、1∶1 等。建筑详图一般包括局部构造详图（如楼梯详图、厨卫大样、墙身详图等）、构件详图（如门窗详图、阳台详图等）以及装饰构造详图（如墙裙构造详图、门窗套装饰构造详图）三类详图。

建筑详图要求图示的内容清楚，尺寸标准齐全，文字说明详尽，一般应表达出构配件的详细构造，所用的各种材料及其规格，各部分的构造连接方法及其相对位置关系，各部位、各细部的详细尺寸，有关施工要求、构造层次及制作方法说明等。同时，建筑详图必须加注图名（或详图符号），详图符号应与被索引的图样上的索引符号相对应，还要在详图符号的右下侧注写比例。对于套用标准图集或通用图集的建筑构配件或节点，只需注明所套用图集的名称、编号、页次等，可不必另画详图。

三、建筑详图的基本内容

① 详图名称、比例。

② 详图符号、编号以及再需另画详图时的索引符号。

③ 建筑构配件的形状以及与其他构配件的详细构造、层次、有关的详细尺寸和材料图例等。

④ 详细注明各部位和层次的用料、做法、颜色以及施工要求等。

⑤ 需要画上的定位轴线及其编号。

⑥ 要标注的标高等。

四、建筑详图主要表现的部位

① 内外墙节点、楼梯、电梯、厨房、卫生间等局部平面，要单独绘制大样图和构造详图。

② 室内外装饰方面的构造、线脚、图案和造型等都是由建筑设计师来创意的。

③ 特殊的或非标准的门、窗、幕墙等也应有构造详图，要另行委托设计加工的，还要绘制立面分格图，对开启面积大小和开启方式及其与主体结构的连接方式、预埋件、用料材质、颜色等要作出规定。

④ 其他凡在平、立、剖面图或文字说明中无法交代或交代不清的建筑构配件和建筑构造，要表达出其构造做法、尺寸、构配件相互关系和建筑材料等，就要引出大样，绘制建筑详图。相对于平、立、剖面图而言，建筑详图是一种辅助图样。

⑤ 对于紧邻的原有建筑，应绘出其局部的平、立、剖面图，并索引出新建筑与原有建筑结合处的详图。

五、识读建筑详图的注意事项

① 识读建筑详图的时候，首先应明确该详图与有关图的关系，根据所采用的索引符号、轴线编号、剖切符号等明确该详图所示部分的位置，将局部构造与建筑物整体联系起来，形成完整的概念。

② 识读建筑详图的时候，要细心研究，掌握有代表性的部位的构造特点，并灵活运用。一个建筑物由许多构配件组成，而它们多数属相同类型，因此只要了解其中一个或两个的构造及尺寸，就可以类推其他构配件。

六、要诀及释义

1. 要诀

建筑详图非常妙，可把细部扩大号；
按比例画图部分小，读者难以见分晓；
建筑详图一来到，细部做法分明了；
标注颜色和用料，一看详图就知道。

2. 要诀释义

建筑物的平、立、剖面图主要用来表达建筑物的平面布置、外部形状和主要尺寸，但反映的内容范围大，比例小，难以表达清楚建筑的细部。为了满足施工的要求，对建筑的细部构造用较大比例的图详细地表达出来，这种图称为建筑详图（即大样图）。

建筑详图的特点是比例大，内容详尽清晰，尺寸标注齐全、文字说明详尽。它标注了建筑物的颜色、用料等，有些图形在建施中表现得太小时，可以将其在建筑详图中表示出来。

第二节　外墙节点详图

一、外墙节点详图的形成与作用

1. 外墙节点详图的形成

外墙节点详图的形成原理与剖面图相同。外墙详图就是几个节点详图的组合，在绘制外墙详图时，一般在门窗洞口中间用折断线断开。

2. 外墙节点详图的作用

墙身详图实质上是建筑剖面图中外墙墙身部分的局部放大图。它主要反映墙身各部位的详细构造、材料、做法及详细尺寸，如檐口、圈梁、过梁、墙厚、雨篷、阳台、防潮层、室内外地面、散水等，同时也注明了各部位的标高和详图索引符号。墙身详图与平面图配合，是砌墙、室内外装修、门窗安装、施工预算编制以及材料估算的重要依据。

二、外墙节点详图的主要内容

① 详图的图名和比例。外墙详图是建筑详图的一种，通常采用的比例为1∶20。编制图名时，表示的是哪部分的详图，就命名为××详图。

② 外墙详图的标识与基本图的标识相一致。外墙详图要与平面图中的剖切符号或立面图上的索引符号所在位置、剖切方向以及轴线相一致。

③ 标明外墙的厚度及其与轴线的关系。轴线是在墙体正中间布置还是偏心布置，以及墙体在某些位置的凸凹变化，都应该在详图中标注清楚，包括墙的轴线编号、墙的厚度及其与轴线的关系、所剖切墙身的轴线编号等。按“国际标准”规定，如果一个外墙详图适用于几个轴线时，应同时注明各有关轴线的编号。通用轴线的定位轴线应只画圆圈，不注写编号。轴线端部圆圈的直径在详图中为10mm。

④ 标明室内外地面处的节点构造。该节点包括基础墙厚度、室内外地面标高以及室内地面、踢脚或墙裙，室外勒脚、散水或明沟、台阶或坡道，墙身防潮层及首层内外窗台的做法等。

⑤ 标明楼层处的节点构造，各层楼板等构件的位置及其与墙身的关系，楼板进墙、靠墙及其支承等情况。楼层处的节点构造是指从下一层门或窗过梁到本层窗台的部分，包括门窗过梁、雨篷、遮阳板、楼板及楼面标高，圈梁、阳台板及阳台栏杆或栏板、楼面、室内踢脚或墙裙、楼层内外窗台、窗帘盒或窗帘杆，顶棚或吊顶、内外墙面做法等。

当几个楼层节点完全相同时，可以用一个图样同时标出几个楼面标高来表示。表明屋顶檐口处的节点构造是指从顶层窗过梁到檐口或女儿墙上皮的部分，包括窗过梁、窗帘盒或窗帘杆、遮阳板、顶层楼板或屋架、圈梁、屋面、顶棚或吊顶、檐口或女儿墙、屋面排水天沟、下水口、雨水斗和雨水管等。多层次构造的共用引出线，应通过被引出的各层。文字说明宜用 5 号或 7 号字注写在横线的上方或端部，说明的顺序由上至下，并与被说明的层次相一致。如层次为横向排列，则由上至下的说明顺序应与由左至右的层次相一致。

⑥ 尺寸与标高标注。外墙详图上的尺寸和标高的标注方法与立面图和剖面图的标注方法相同。此外，还应标注挑出构件（如雨篷、挑檐板等）挑出长度的细部尺寸和挑出构件的下皮标高。尺寸标注要标明门窗洞口、底层窗下墙、窗间墙、檐口、女儿墙等的高度；标高标注要标明室内外地坪、防潮层、门窗洞的上下口、檐口、墙顶及各层楼面、屋面的标高。立面装修和墙身防水、防潮要求包括墙体各部位的窗台、窗楣、檐口、勒脚、散水等的尺寸、材料和做法，用引出线加以说明。

⑦ 文字说明和索引符号。对于不易表示得更为详细的细部做法，注有文字说明或索引符号，说明另有详图表示。

三、外墙节点详图的图样画法

① 外墙节点详图不仅表明了楼地板的构造及其与墙身等其他构件的关系，还表明了门窗顶、窗台、勒脚、散水（或明沟）等相关部位的详细做法。墙身详图一般采用 1∶20 的比例绘制，如果多层房屋中楼层的各节点相同，可只画出底层、中间层和顶层的详图来表示。为节省图幅，画墙身详图可在门窗洞中间折断，画成几个节点详图的组合。

② 墙身详图的线型与剖面图一样，但由于比例较大，所有内外墙应用细实线画出粉刷线并且标注材料图例。墙身详图上所标注的尺寸和标高，与建筑剖面图相同。应标出构造做法的详细尺寸。

四、识读外墙节点详图的技巧

① 了解图名、比例。

② 了解墙体的厚度及其所属的定位轴线。

③ 了解屋面、楼面、地面的构造层次和做法。

④ 了解各部位的标高、高度方向的尺寸和墙身的细部尺寸。

⑤ 了解各层梁（过梁或圈梁）、板、窗台的位置及其与墙身的关系。

⑥ 了解檐口、墙身防水、防潮层处的构造做法。

五、外墙详图的识读

外墙详图的示读实例如图 3-2 所示。

由图 3-2 可知，该图为外墙墙身详图，比例为 1∶20。该详图适用于 A 轴线上的墙身剖面，砖墙的厚度为 240mm，居中布置（以定位轴线为中心，其外侧为 120mm，内侧也为 120mm）。由图可知，楼面、屋面均为现浇钢筋混凝土楼板构

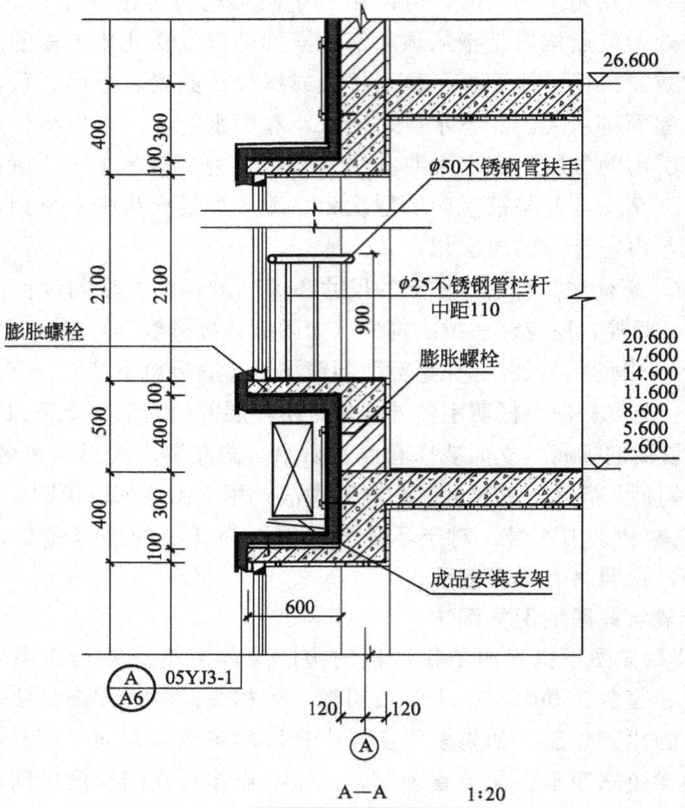

图 3-2 外墙墙身详图

造。各构造层次的厚度、材料及做法，详见构造引出线上的文字说明。

墙身详图应标注室内外地面、各层楼面、屋面、窗台、圈梁或过梁以及檐口等处的标高。同时，还应标注窗台、檐口等部位的高度尺寸和细部尺寸。在详图中，应画出抹灰和装饰构造线，并画出相应的材料图例。

由墙身详图可知，窗过梁为现浇的钢筋混凝土梁，门过梁由圈梁（沿房屋四周的外墙水平设置的连续封闭的钢筋混凝土梁）代替，楼板为现浇板，窗框位置在定位轴线处。

从墙身详图中檐口处的索引符号，可以查出檐口的细部构造做法，把握好墙角防潮层处的做法、材料和女儿墙上防水卷材与墙身交接处泛水的做法。

六、要诀及释义

1. 要诀

外墙节点详图好，常标明索引符号；
反映各细部构造，节点详图很重要；
施工人员一看到，施工方便有妙招；
节点详图有比例，详图宜多不宜少。

2. 要诀释义

外墙节点详图的形成原理与剖面图相同，其实外墙详图就是几个节点详图的组合，在绘制外墙详图时，一般在门窗洞口中间用折线断开，常用的比例为 1：20。

第三节　楼梯详图

一、楼梯的组成及常见形式

1. 楼梯的组成

楼梯是楼房上下层之间的重要交通通道，一般由楼梯段、休息平台、栏杆（栏板）及扶手组成。

（1）楼梯段　又称楼梯跑，是楼梯的主要使用和承重部分，由很多个踏步组成。为减少人们上下楼梯时的疲劳并适应人们的习惯，一个楼梯段的踏步数要求最多不超过 18 级，最少不少于 3 级。

（2）休息平台　平台是指两楼梯段之间的水平板，有楼层平台、中间休息平台之分。它的主要作用在于缓解疲劳，让人们在持续上楼时可以在平台上稍微休息一下，所以又称为休息平台。同时，平台还是楼梯的梯段之间转换方向的连接处。

（3）栏杆　是楼梯段的安全设施，一般设置在梯段的边缘和平台临空的一边。栏杆要求必须坚固可靠，并保证有足够的安全高度。

栏杆有实心栏杆和漏空栏杆之分。实心栏杆又称栏板。漏空栏杆有铸铁栏杆、不锈钢栏杆、扁钢栏杆、混凝土栏杆等。

2. 常见楼梯的形式

楼梯按位置的不同可分为室外楼梯和室内楼梯两种。按使用性质分类，室内楼梯可分为主要楼梯和辅助楼梯；室外楼梯分为安全楼梯和防火楼梯。按材料分类，楼梯分木质楼梯、钢筋混凝土楼梯、钢质楼梯、金属楼梯和混合式楼梯等。按楼梯的平面形式不同，可分为以下几种。

（1）单跑直楼梯　是指相邻两个楼层之间只有一个楼梯梯段，没有楼梯平台，直接可到达上一层楼面标高的楼梯。它的梯段平面成直线形，在使用时不改变行进的方向。它构造简单，适用于建筑层高低、楼梯间开间小、进深大的建筑，如图 3-3(a)、(b) 所示。

（2）双跑楼梯　是指相邻两个楼层之间由两个楼梯梯段和一个楼梯平台组成的楼梯。根据梯段与楼梯平台的不同组合，可将其分为平行双跑楼梯、直行双跑楼梯、折形双跑楼梯。

① 平行双跑楼梯：一般两个梯段做成等长，在使用时改变 180°的行进方向，是工业与民用建筑中常采用的楼梯形式，适用于建筑楼梯间开间大、进深小的建筑，如图 3-3(c) 所示。

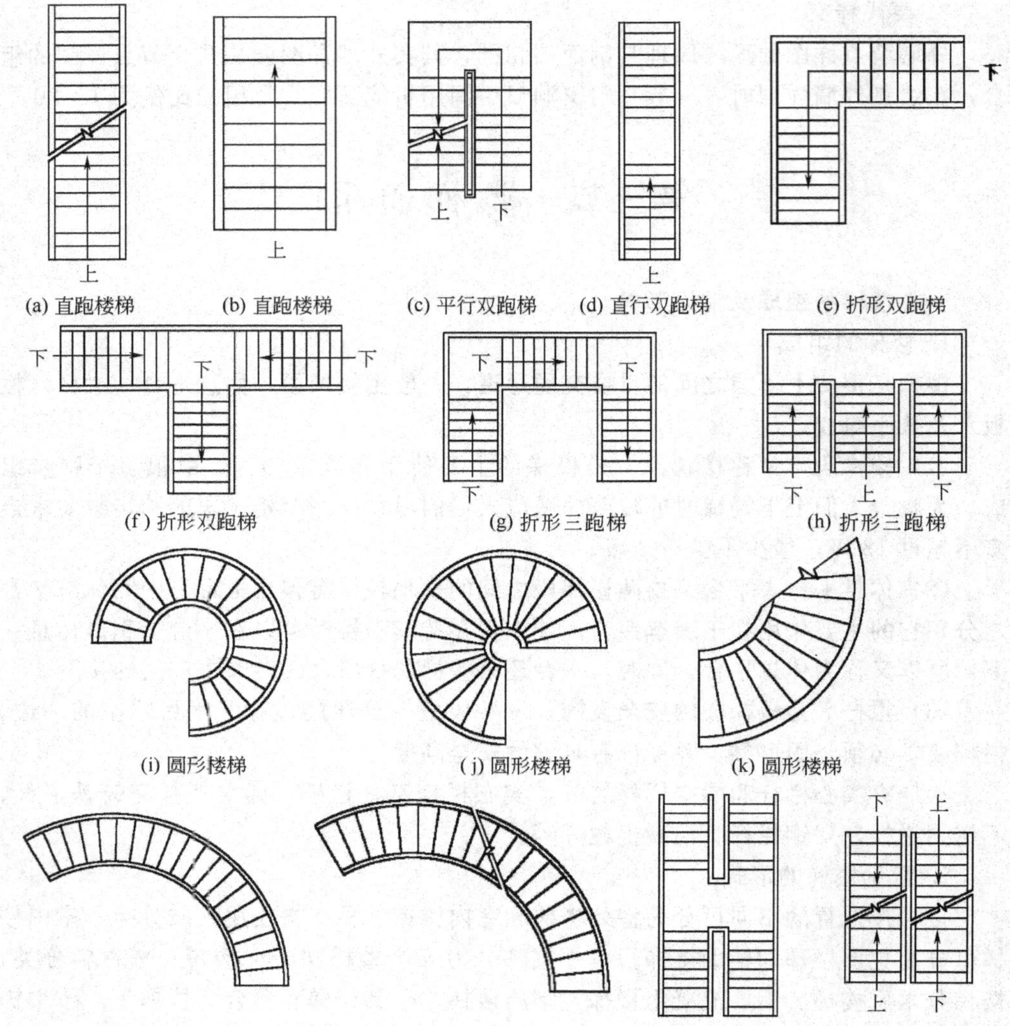

(a) 直跑楼梯 (b) 直跑楼梯 (c) 平行双跑梯 (d) 直行双跑梯 (e) 折形双跑梯

(f) 折形双跑梯 (g) 折形三跑梯 (h) 折形三跑梯

(i) 圆形楼梯 (j) 圆形楼梯 (k) 圆形楼梯

(l) 弧形楼梯 (m) 弧形楼梯 (n) 交叉楼梯 (o) 剪刀梯

图 3-3 楼梯的平面形式

② 直行双跑楼梯：如图 3-3(d) 所示，在两梯段之间设一楼梯平台，在使用时不改变行进的方向，适用于楼层较高或人流量大的公共活动场所，如影剧院、体育建筑、百货商场等。

③ 折形双跑楼梯：楼梯的平面呈 L 形，一般设在少数楼层之间，并且通常不设楼梯间，可沿一两堵墙面开敞布置，如图 3-3(e)、(f) 所示。

(3) 三跑楼梯 相邻两个楼层之间有三个楼梯梯段，一个或两个中间休息平台的楼梯形式，包括双分转角楼梯、合上双分楼梯和分上双合楼梯以及折形三跑楼梯等形式。双分转角和合上双分式楼梯相当于两个双跑楼梯并联在一起，它均衡对称，典雅庄重，常用于对称式门厅内，底层楼梯平台下常设门，作为门厅的通道。

折形三跑的特点是：每上一梯段，折 90°改变行进方向，楼梯间接近方形，一般适用于层高较高的公共建筑，也可连接层高不同的楼层或夹层，但不宜用于有儿童经常使用的住宅或学校。常利用这种楼梯围成的空间作电梯井道，如图 3-3(g)、(h) 所示。

（4）圆形楼梯　是指梯段绕一根主轴旋转而上的楼梯，可分为中柱式和无中柱式两种。中柱式楼梯的扇形踏步悬挑支撑在中立柱上，不设中间楼梯平台，占地少，结构简单，施工方便，但高层受限制，坡高较陡，适用于人流少，使用不频繁的场所。无中柱式楼梯的内半径较大，其结构形式分扭板和扭梁两种，扭梁又有单梁和双梁之分，结构和施工较为复杂，常用于公共建筑的大厅中。螺旋楼梯的踏步呈扇形，一般要求离内侧扶手 0.25m 处的踏步宽度不应小于 0.22m，多采用钢筋混凝土制作，旋律明快、富于装饰性，并有助于从竖向扩大空间，使室内景观得到变化，如图 3-3(i)、(j)、(k) 所示。

（5）弧形楼梯　是投影平面呈弧形的楼梯。它由曲梁或曲板支撑，踏步略呈扇形，造型活泼，富于装饰性。单跑和双跑弧形楼梯均适用于公共建筑门厅内，如图 3-3(l)、(m) 所示。

（6）交叉式楼梯　又称为叠合式楼梯，是在同一楼梯内，由一对互相重叠而不连通的单跑直上或双跑直上梯段构成的楼梯，能通过较多人流并节省建筑面积，如图 3-3(n) 所示。

（7）剪刀式楼梯　又称桥式楼梯，由一对方向相反、楼涕平台共用的双跑平行梯段组成，能同时通过较多人流，并能有效利用建筑空间，常用于人流量大的公共建筑中，如图 3-3(o) 所示。

3. 楼梯的设计要求

楼梯是楼房建筑中的垂直交通枢纽，也是进行安全疏散的主要工具。为确保使用上的安全，楼梯的设计必须满足以下要求。

① 主要楼梯应与主要出入口临近，并且位置要明显，同时还要避免垂直交通与水平交通在交接处拥挤、堵塞。

② 必须满足防火的要求，楼梯间除允许直接对外开窗采光外，不得向室内任何一个房间开窗，楼梯间四周墙壁必须是防火墙；对防火要求高的建筑物，特别是高层建筑，应设计成封闭式楼梯或防烟楼梯。

③ 楼梯间必须有良好的自然采光。

4. 楼梯的尺度

（1）楼梯段和楼梯休息平台的宽度　楼梯段的宽度必须满足上下的人流和搬运货物的需要。从保证安全的角度出发，楼梯段的宽度应该是由通过该梯段的人流数来确定的。通常情况下，梯段净宽除应符合防火规范的规定外，供日常主要交通用的楼梯的梯段净宽应根据建筑物使用特征，按每股人流宽为 0.55m＋(0～0.15)m 的人流股数确定，且不少于两股人流。这里所说的 (0～0.15)m 是人在走路过程中人体的摆幅，人流较多的公共建筑应取其最大值 0.15m。

为了保证通过楼梯段的人流和货物能在楼梯休息平台上顺利通过，楼梯平台的净宽不能小于楼梯段的宽度。

(2) 楼梯的坡度与踏步尺寸　楼梯的坡度是指楼梯段的斜面沿水平面倾斜的角度，也可以用踏面和踢面的投影长度之比来表示，在实际工程中多采用后者。一般情况下规定楼梯段的最大坡度不宜超过38°，因为坡度小的时候，人走起来比较舒服，坡度越大，人走起来就会感到越吃力。但是，坡度小楼梯段占用的面积就会大，坡度大楼梯段占用的面积就会小，所以坡度的设置要适当。当坡度小于20°时，可以采用坡道的形式；当坡度大于45°时，可以采用爬梯的形式。

楼梯坡度应根据建筑物的使用性质和层高来确定。对于使用次数较多、人流量大的公共建筑，楼梯坡度应平缓些；对于使用次数少、人流量小的居住类建筑或某些辅助性楼梯，楼梯坡度可适当陡一些。

踏步的高常用 h 来表示，踏步的宽常用 b 来表示。踏步的尺寸与人行步距有关，通常用以下公式来表示：$2h+b=600\sim620$mm 或 $h+b\approx450$mm。

5. 楼梯和电梯、自动扶梯的相关规范及规定

① 楼梯的数量、位置、宽度和楼梯间的形式应满足使用方便和安全疏散的要求。楼梯梯段宽度在防火规范中是以每股人流0.55m计。一般建筑中主要通行的楼梯，其梯段净宽不应小于2×0.55m=1.1m，高层建筑中的主要通用楼梯，其梯段的宽度指标高于一般建筑，这对疏散楼梯是适用的，对平时用作交通的楼梯则不完全适用，尤其是人员密集的公共建筑（如商场、剧场、体育馆等）的主要楼梯应考虑多股人流通行，使垂直交通不出现拥挤和阻塞现象。此外，人流宽度按0.55m计算是最小值，实际上人体在行进时有一定摆幅和相互间空隙，因此本条规定每股人流为0.55m+(0～0.15)m，其中0～0.15m即为人流众多时的附加值，单人行走楼梯梯段的宽度还需要适当加大，如图3-4所示。

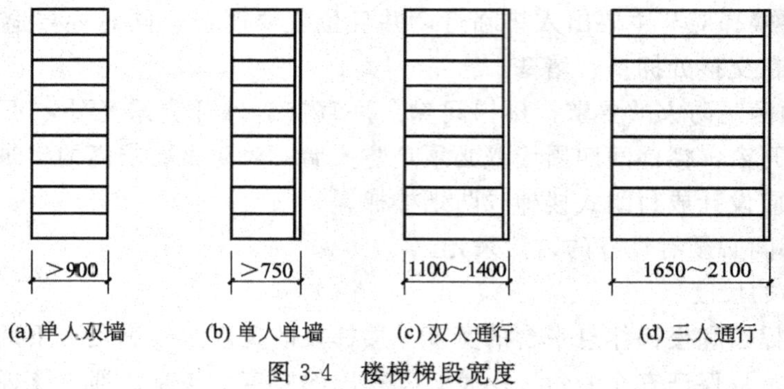

图3-4　楼梯梯段宽度

② 梯段改变方向时，扶手转向端处的平台最小宽度不应小于梯段宽度，并不得小于1.2m。梯段的净宽是指扶手中心线与楼梯间墙面的水平距离，也称楼梯的有效宽度。当有搬运大型物件的需要时应适量加宽，以保持疏散宽度的一致，并能使家具等大型物件通过，如图3-5所示。

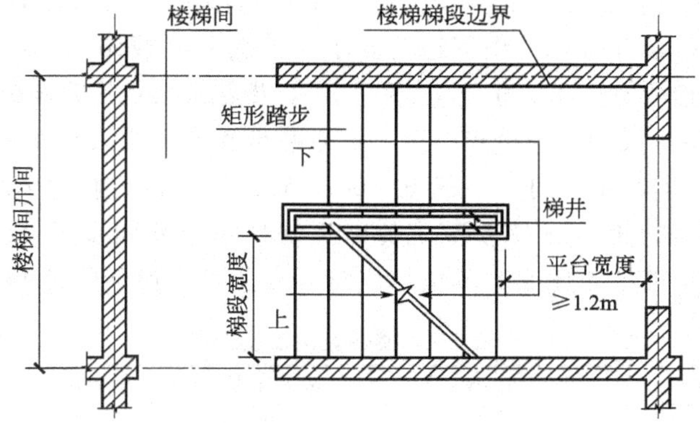

图 3-5　楼梯梯段、平台、梯井

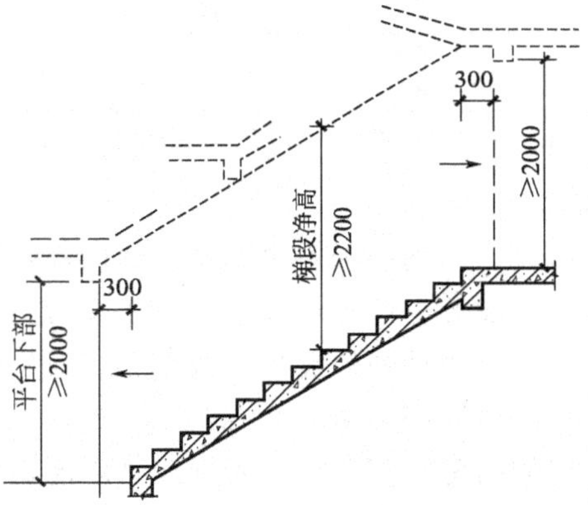

图 3-6　楼梯梯段净高

③ 每个梯段的踏步不应超过 18 级，也不应少于 3 级。由于建筑竖向处理和楼梯做法的变化，楼梯平台上部和下部的净高不一定与各层净高一致，此时其净高不应小于 2m，使人行进时不碰头。梯段净高一般应满足人在楼梯上伸直手臂向上旋升时手指刚触及上方凸出物下缘一点为限，为保证人在行进时不碰头和产生压抑感，按常用楼梯坡度，梯段净高宜为 2.2m，如图 3-6 所示［梯段净高为自踏步前缘（包括最低和最高一级踏步前缘线以外 0.3m 的范围内）量至上方凸出物下缘的垂直高度］。楼梯应至少在一侧设扶手，梯段净宽达三股人流时应在两侧设扶手，达四股人流时宜加设中间扶手。室内楼梯扶手高度自踏步前缘线量起不宜小于 0.9m，靠楼梯井一侧水平扶手长度超过 0.5m 时，其高度不应小于 1.05m。踏步应采取防滑措施。

④ 为了保护少年儿童的生命安全，幼儿园等少年儿童专用活动场所的楼梯的梯井净宽大于 0.2m（少儿胸背厚度），必须采取防止少年儿童攀滑的措施，防止其跌落楼梯井底。楼梯栏杆应采用不易攀登的构造，一般为垂直杆件，其净距不应大于 0.11m（少儿头宽度），防止穿越坠落。

⑤ 楼梯踏步高宽比是根据楼梯坡度的要求和不同类型人体自然跨步（步距）的要求确定的，符合安全和方便舒适的要求。坡度一般控制在30°左右，对仅供少数人使用的楼梯则放宽要求，但不宜超过45°。步距是按水平跨步距离公式$2r+g=s=600$mm计算的，式中r为踏步高度，g为踏步宽度。成人和儿童、男性和女性、青壮年和老年人均有所不同，一般在560～630mm范围内，妇女和儿童跨步在600mm左右。按本条规定的踏步高宽比能反映楼梯坡度和步距（表3-1）。供老年人、残疾人使用及其他专用服务的楼梯应符合专用建筑设计规范的规定。

表3-1 楼梯坡度及步距 mm

楼梯类别	最小宽度	最大高度	坡度	步距
住宅共用楼梯	260	175	33.94°	610
幼儿园、小学等	260	150	29.98°	560
电影院、商场等	280	160	29.74°	600
其他建筑等	260	170	33.18°	600
专用疏散楼梯等	250	180	35.75°	610
服务楼梯、住宅套内楼梯	220	200	42.27°	620

注：无中柱螺旋楼梯和弧形楼梯离内侧扶手中心0.25m的楼梯踏步宽度不应小于0.22m。

⑥ 电梯的设置应符合下列规定。

电梯不得计作安全出口；以电梯为主要垂直交通的高层公共建筑和12层及12层以上的高层住宅，每栋楼设置电梯的台数不应少于2台；建筑物每个服务区单侧排列的电梯不宜超过4台，双侧排列的电梯不宜超过2×4台；电梯不应在转角处贴邻布置；电梯候梯厅的深度应符合表3-2的规定，并不得小于1.5m；电梯井道和机房不宜与有安静要求的用房贴邻布置，否则应采取隔振、隔声措施；机房应为专用的房间，其围护结构应保温隔热，室内应有良好的通风、防尘措施，宜有自然采光，不得将机房顶板作水箱底板及在机房内直接穿越水管或蒸汽管；消防电梯的布置应符合防火规范的有关规定。

表3-2 候梯厅深度

电梯类别	布置方式	候梯厅深度
住宅电梯	单台	$\geqslant B$
	多台单侧排列	$\geqslant B^*$
	多台双侧排列	≥相对电梯B^*之和并小于3.5m
公共建筑电梯	单台	$\geqslant 1.5B$
	多台单侧排列	$\geqslant 1.5B^*$，当电梯群为4台时应不小于2.4m
	多台双侧排列	≥相对电梯B^*之和并小于4.5m
病床电梯	单台	$\geqslant 1.5B$
	多台单侧排列	$\geqslant 1.5B^*$
	多台双侧排列	≥相对电梯B^*之和

注：B为轿厢深度；B^*为电梯群中最大轿厢深度。

⑦ 自动扶梯、自动人行道应符合下列规定。

自动扶梯和自动人行道不得计作安全出口；出入口畅通区的宽度不应小于2.5m，畅通区有密集人流穿行时，其宽度应加大；栏板应平整、光滑和无凸出物；扶手带顶面距自动扶梯前缘、自动人行道踏板面或胶带面的垂直高度不应小于0.9m；扶手带外边至任何障碍物的距离不应小于0.50m，否则应采取措施防止障碍物造成人员伤害；扶手带中心线与平行墙面或楼板开口边缘间的距离、相邻平行交叉设置时两梯（道）之间扶手带中心线的水平距离不宜小于0.50m，否则应采取措施防止障碍物造成人员伤害；自动扶梯的梯级、自动人行道的踏板或胶带上空，垂直净高不应小于2.3m；自动扶梯的倾斜角不应超过30°，当提升高度不超过6m，额定速度不超过0.5m/s时，其倾斜角允许增至35°；倾斜式自动人行道的倾斜角不应超过12°；自动扶梯和层间相通的自动人行道单向设置时，应就近布置相匹配的楼梯；设置自动扶梯或自动人行道所形成的上下层贯通空间，应符合防火规范所规定的有关防火分区等要求。

二、楼梯详图的作用

楼梯详图就是楼梯间平面图及其剖面图的放大图。它主要反映楼梯的类型、结构形式、各部位的尺寸及踏步、栏板等装饰做法。它是楼梯施工、放样的主要依据。

三、楼梯详图的组成

楼梯详图可以分为建筑详图和结构详图，分别绘制，并分别编入建筑施工图和结构施工图中。当楼梯的构造和装修都比较简单时，楼梯详图也可与建筑详图和结构详图合并绘制，或编入建筑施工图中，或编入结构施工图中。楼梯详图一般包括楼梯平面图、剖面图和楼梯结构配筋图等。

1. 楼梯平面图

（1）楼梯平面图的形成　楼梯平面图是用一个假想的水平剖切平面通过每层向上的第一个梯段的中部（休息平台下）剖切后，向下作正投影所得到的投影图。楼梯平面图的绘图比例一般采用1∶50。楼梯平面图的剖切位置，除顶层在安全栏杆（栏板）之上外，其余各层均在上行第一跑中间。与楼地面平行的面称为踏面，与楼地面垂直的面称为踢面。各层下行梯段不用剖切。

（2）楼梯平面图的绘制　楼梯平面图实质上是房屋各层建筑平面图中楼梯间的局部放大图，通常采用1∶50的比例绘制。三层以上房屋的楼梯，当中间各层楼梯位置、梯段数、踏步数都相同时，通常只画出底层、中间层（标准层）和顶层三个平面图；当各层楼梯位置、梯段数、踏步数不相同时，应画出各层的楼梯平面图，如图3-7所示。各层被剖切到的梯段，均在平面图中以45°细折断线表示其断开的位置。在每一梯段处画带有箭头的指示线，并注写“上”或“下”字样。

通常情况下，楼梯平面图画在同一张图纸内，并互相对齐，这样既便于识读又可省略标注一些重复尺寸。

（3）楼梯平面图的图示内容

① 楼梯间轴线的编号、开间和进深尺寸。

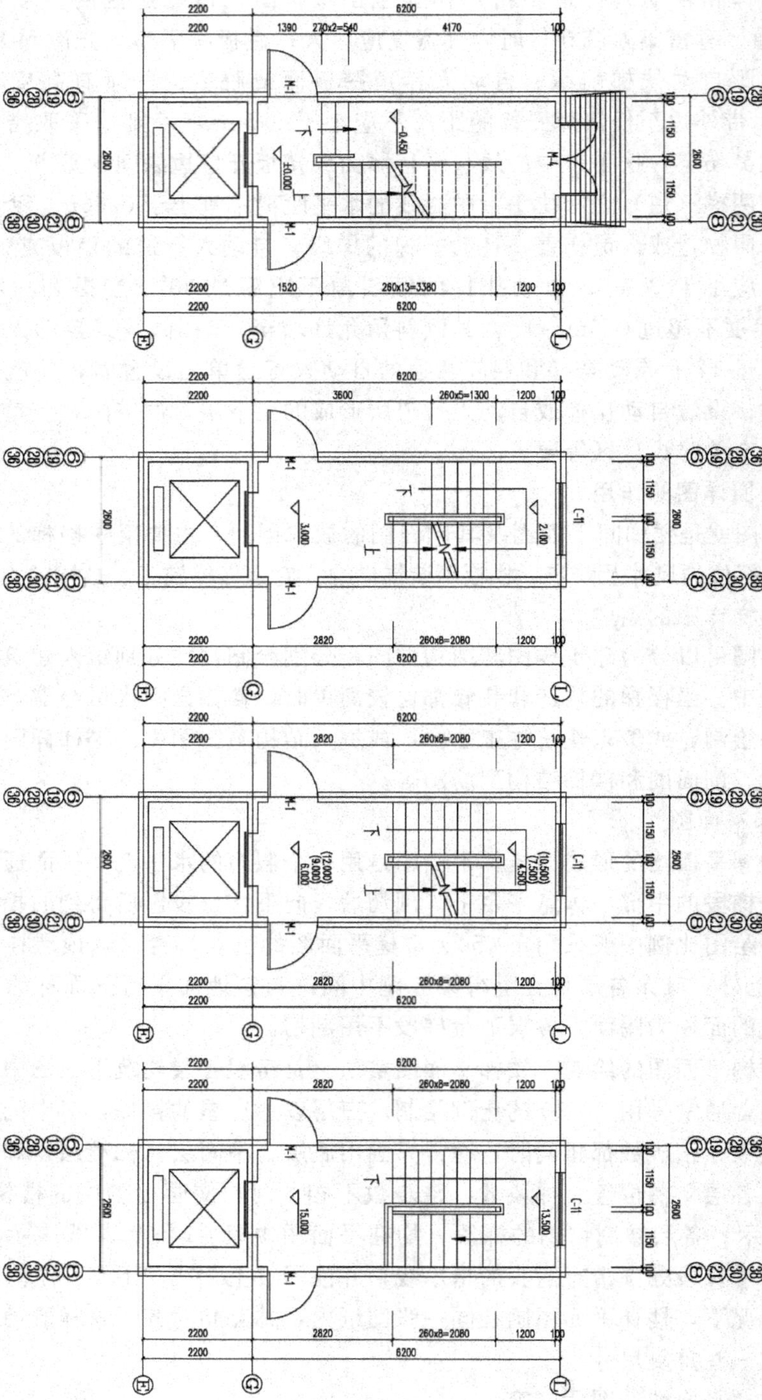

图 3-7 楼梯平面图

② 梯段、平台的宽度及梯段的长度；梯段的水平投影长度＝踏步宽×(踏步数－1)，因为最后一个踏步面与楼层平台或中间平台面齐平，故减去一个踏步面的宽度。

③ 楼梯间墙厚、门窗的位置。

④ 楼梯的上下行方向（用细箭头表示，用文字注明楼梯上下行的方向）。

⑤ 楼梯平台、楼面、地面的标高。

⑥ 首层楼梯平面图中，标明室外台阶、散水和楼梯剖面图的剖切位置。

（4）楼梯平面图的识读

了解楼梯在建筑平面图中的位置及有关轴线的布置。对照图 3-7 可知，此楼梯位于横向 6～8（19～21、28～30、36～38）轴线、纵向 E～L 轴线之间。

了解楼梯间、梯段、梯井、休息平台等处的平面形式和尺寸以及楼梯踏步的宽度和踏步数。该楼梯间平面为矩形与矩形的组合，上部分为楼梯间，下部分为电梯间。楼梯间的开间尺寸为 2600mm，进深为 6200mm，电梯间的开间尺寸为 2600mm，进深为 2200mm；楼梯间的踏步宽为 260mm，踏步数一层为 14 级，二层以上均为 9＋9＝18 级。

了解楼梯的走向及上、下起步的位置。由各层平面图上的指示线，可看出楼梯的走向，第一个梯段最后一级踏步距 L 轴 1300mm。

了解楼梯间各楼层平面、休息平台面的标高。各楼层平面的标高在图中均已标出。

了解中间层平面图中不同梯段的投影形状。中间层平面图既要画出剖切后的上行梯段（注有“上”字），又要画出该层下行的完整梯段（注有“下”字）。继续往下的另一个梯段有一部分投影可见，用 45°折断线作为分界，与上行梯段组合成一个完整的梯段。各层平面图上所画的每一分格，表示一级踏面。平面图上梯段踏面投影数比梯段的步级数少 1，如平面图中往下走的第一段共有 14 级，而在平面图中只画有 13 格，梯段水平投影长为 260×13＝3380mm。

了解楼梯间的墙、门、窗的平面位置、编号和尺寸。楼梯间的墙为 200mm；门的编号分别为 M-1、M-4；窗的编号为 C-11。门窗的规格、尺寸详见门窗表。

了解楼梯剖面图在楼梯底层平面图中的剖切位置及投影方向。

2. 楼梯剖面图

（1）楼梯剖面图的形成　楼梯剖面图是用一假想的铅垂剖切平面，通过各层的同一位置梯段和门窗洞口，将楼梯剖开向另一未剖到的梯段方向作正投影所得到的投影图。

（2）楼梯剖面图的绘制　楼梯剖面图通常采用 1∶50 的比例绘制。在多层房屋中，若中间各层的楼梯构造相同，则剖面图可只画出底层、中间层（标准层）和顶层三个剖面图，中间用折断线分开；当中间各层的楼梯构造不同时，应画出各层剖面图。图 3-8 所示为某小区别墅楼梯的剖面图。楼梯剖面图宜和楼梯平面图画在同一张图纸上。习惯上，屋顶剖面图可以省略不画。

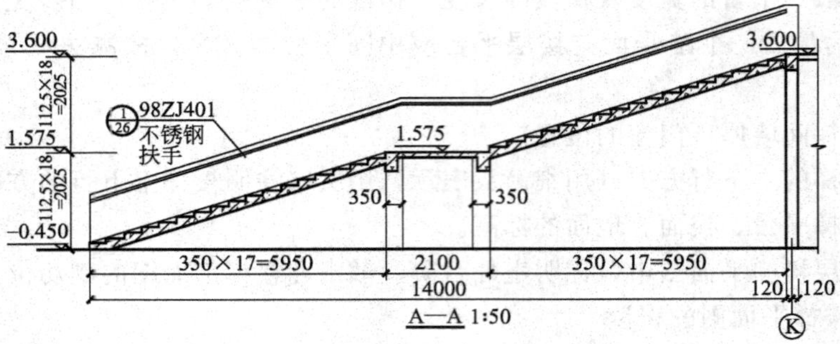

图 3-8　楼梯剖面图

(3) 楼梯剖面图的图示内容

① 绘图比例　常用 1∶50。

② 剖切位置应选择在通过第一跑梯段及门窗洞口，并向未剖切到的第二跑梯段方向投影。

③ 被剖切到的楼梯梯段、平台、楼层的构造及做法。

④ 被剖切到的墙身与楼板的构造关系。

⑤ 每一梯段的踏步数及踏步高度。

⑥ 各部位的尺寸及标高。

⑦ 楼梯可见梯段的轮廓线及详图索引符号。

(4) 楼梯剖面图的识读

了解图名、比例。由 A—A 剖面图（图 3-8)，可在楼梯底层平面图中找到相应的剖切位置和投影方向，比例为 1∶50。

了解轴线编号和轴线尺寸。该剖面墙体轴线编号为 K，其轴线尺寸为 14000mm。

了解房屋的层数、楼梯梯段数、踏步数。该楼梯为室外公共楼梯，只有一层，梯段数和踏步数详见 A—A 剖面图。它是由两个梯段和一个休息平台组成的，尺寸线上的“350mm×17mm＝5950mm”表示每个梯段的踏步宽为 350mm，由 17 级形成；高为 112.5mm；中间休息平台宽为 2100mm。

了解楼梯的竖向尺寸和各处标高。A—A 剖面图的左侧注有每个梯段高“18mm×112.5mm＝2025mm”，其中“18”表示踏步数，“112.5 mm”表示踏步高，并且标出楼梯平台处的标高为 1.575m。

了解踏步、扶手、栏板的详图索引符号。从剖面图中的索引符号可知，扶手、栏板和踏步均从标准图集 98ZJ401 中选用。

3. 楼梯节点详图

(1) 楼梯节点详图的内容　楼梯节点详图主要包括楼梯踏步、扶手、栏杆（或栏板）等的详图。踏步应标明踏步宽度、踢面高度以及踏步上防滑条的位置、材料和做法，防滑条材料常采用马赛克、金刚砂、铸铁或有色金属。

为了保障人们的行走安全，在楼梯梯段或平台临空一侧，设置栏杆和扶手。在详图中主要标明栏杆和扶手的形式、材料、尺寸以及栏杆与扶手、踏步的连接，常选用建筑构造通用图集中的节点做法，与详图索引符号对照可查阅相关标准图集，得到它们的断面形式、细部尺寸、用料、构造连接和面层装修做法等。

(2) 楼梯节点详图的画法　画轴线、定室内外地面与楼面线、平台位置及墙身，量取楼梯段的水平长度、竖直高度及起步点的位置；用等分两平行线间距离的方法划分踏步的宽度、步数和高度、级数；画出楼板和平台板厚，再画楼梯段、门窗、平台梁及栏杆、扶手等细部；检查无误后加深图线，在剖切到的轮廓范围内画上材料图例，注写标高和尺寸，最后在图下方写上图名和比例等。

四、要诀及释义

1. 要诀

楼梯详图专列项，其重要性真不小；
楼梯平台有要求，踏步要设防滑条；
梯段宽度和踏步高，看规范的要求作；
楼梯安全要做到，常设防火楼梯道。

2. 要诀释义

楼梯是楼房上下层之间的重要交通通道，一般由楼梯段、休息平台和栏杆（栏板）及扶手组成。

楼梯的休息平台有要求，其宽度应大于或等于梯段的宽度。楼梯踏步要设防滑条。

按位置不同可分为室外楼梯和室内楼梯两种。根据建筑施工规范的要求，常设有防火楼梯，以保证出现意外时人员的疏散。

第四节　门窗详图

一、门窗简介

1. 窗的常见类型和选型

平开窗有内开和外开之分，是目前常用的开启方法。图 3-9 所示的水平推拉窗目前比较流行，其优点是不占空间，构造简单，窗扇尺寸可较大，不易变形。

塑钢窗是用硬质塑料做窗框和窗扇并用型钢加强而成的窗，密封和加工性能好，耐腐蚀、不变形，框料有各种色彩，在我国应用普遍。

窗按开启方式、组成窗的材料和窗的镶嵌材料，还可以分成其他很多类型。

窗的选型按照门窗工业化定型生产和建筑模数制要求，窗洞口应符合 3M 模数系列尺寸，其高宽尺寸主要有 100mm、900mm、1200mm、1500mm、2100mm 等。

2. 门的常见类型及要求

平开门可为单扇也可为多扇或多扇组合而成，分内开和外开两类，是建筑中使用最广泛的门。安全疏散门一般向外开，普通房间门一般向房间内开。

卷帘门有手动和电动之分，适用于商场、车库等门洞尺寸大的场合。

大型公共场所常见的旋转门，为三、四扇门组成的风车型，绕内柱旋转，可有效防止室内外空气对流，使室内外始终处于隔绝状态，但交通能力小，不利于安全疏散。另外，还有其他不同类型的门，不再一一介绍。

一般供日常活动进出的门，其单扇门宽度为 800～1000mm，双扇门宽度为1200～2000mm。

二、门窗通用图集

门窗构造图有国家标准图集，在各地区也有相应的通用图供选用。

在门窗详图中，应有门窗的立面图，平开的门窗在图中用细斜线画出门、窗扇的开启方向符号（两斜线的交点表示装门窗扇铰链的一侧，斜线为实线时表示向外开，为虚线时表示向内开。）门、窗立面图规定画它们的外立面图。

立面图上标注的尺寸，第一道是窗框的外沿尺寸（有时还注上窗扇尺寸），最外一道是洞口尺寸，也就是平面图、剖面图上所注的尺寸。

门窗详图中都画有不同部位的局部剖面详图，以表示门、窗框和四周的构造关系。

三、门窗通用图集索引

建筑施工图中所用的门窗，如果采用标准的形式，可以直接选用相应的图集。例如，普通木门的图集为 88ZJ601；高级木门的图集为 98ZJ681；铝合金窗户的图集为 98ZJ721 等。图集中有常用的样式，各种规格和材料的门窗可以直接选用，选用时，应标明图集的代号、选用的图集页码和具体节点。

四、门窗的相关规范及规定

1. 门窗产品应符合的要求

门窗的材料、尺寸、功能和质量等应符合使用的要求，并符合建筑门窗产品标准的规定。门窗的配件应与门窗主体相匹配，并应符合各种材料的技术要求；应推广应用具有节能、密封、隔声、防结露等优良性能的建筑门窗。门窗加工时，应按门窗洞口设计尺寸扣除墙面装修材料的厚度，按净尺寸加工。门窗与墙体应连接牢固，且满足抗风压、水密性、气密性的要求，对不同材料的门窗选择相应的密封材料；满足通风采光要求，必须有一定的活扇面积；关闭紧密，减小室外对室内的影响；符合建筑立面装饰和造型的要求；同时必须满足建筑的如保温、隔热、隔声、防火、防盗等特殊要求。

2. 窗的设置应符合的规定

窗扇的开启形式应方便使用、安全和易于维修、清洗；当采用外开窗时应加强紧固窗扇的措施；开向公共走道的窗扇，其底面高度不应低于 2m；防火墙上必须开设窗洞时，应按防火规范设置；天窗应采用防破碎伤人的透光材料；天窗应有防冷凝水产生或引泄冷凝水的措施，天窗应便于开启、关闭、固定清洗，并能防渗水。

临空的窗台低于0.8m（住宅为0.9m）时（窗台外无阳台、平台、走廊等），应采取防护措施，并确保从楼地面起计算的0.8m（住宅为0.9m）防护高度。低窗台、凸窗等下部有人能站立的窗台面时，贴窗护栏或固定窗的防护高度应从窗台面起计算，这是为了保障安全，防止过低的宽窗台面让人容易爬上去而从窗户坠地。

3. 门的设置应符合的规定

满足疏散和交通的要求；有足够的宽度和合适的数量及位置；外门构造应开启方便，坚固耐用；手动开启的大门扇应有制动装置，推拉门应有防脱轨的措施；双面弹簧门应在可视高度部分安装透明安全玻璃；旋转门、电动门、卷帘门和大型门的附近应另设平开疏散门，或在门上设疏散门；开向疏散走道或楼梯间的门扇开足时，不应影响走道或楼梯平台的疏散宽度；全玻璃门应选用安全玻璃或采取防护措施，并应设防撞提示标志；门的开启不应跨越变形缝；防火规范规定疏散用的门不应采用侧拉门，严禁采用转门，因此应另设普通平开门作安全疏散的出口；电动门和大型门在机械传动装置失灵时会影响到日常使用和疏散安全，因此应另设普通门，也可在大门上开设平开门作安全疏散出口。

设计中尽量减少人体冲击在玻璃上可能造成的伤害，允许使用受冲击后破碎、但不伤人的玻璃，如夹层玻璃和钢化玻璃，并应设置防撞击标志。

五、门窗大样图

门窗大样图如图3-9所示。

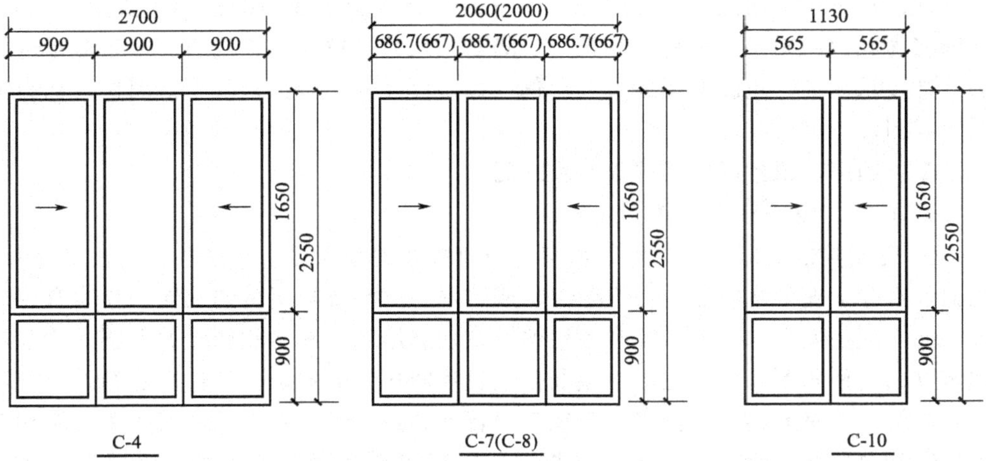

图3-9　门窗大样图

此门窗大样图中表明了窗户C-4、C-7(C-8)、C-10的详细尺寸和分格情况：C-4总高2550mm，上下分为两部分，上半部分高1650mm，下半部分高900mm，横向总宽为 2700mm，分为三个相等的部分，每部分宽 900mm；C-7（C-8）总高 2550mm，上下分为两部分，上半部分高 1650mm，下半部分高 900mm，横向总宽为 2060mm 和 2000mm，分为三个相等的部分，每部分宽 686.7mm 和 667mm；C-10 的竖向分格和前面两个一样，都是 2550mm，上下分为两部分，只是横向较窄，总宽 1130mm，分两部分，每格 565mm。

六、要诀及释义

1. 要诀

门窗选择种类多，总体规格合模数；
尺寸标注不能少，窗选透光好材料；
门应安全又坚牢，总体美观又可靠。

2. 要诀释义

门窗的大小和品种的选择有非常多，但是大小尺寸要符合一定的模数，门窗的材料选择也有很多。

门窗的尺寸在图纸中应标出来，施工过程中可以留设洞口，以方便施工。

窗应选择透光性较好的玻璃，这样能保证采光和安全，门也要选择安全的，这样可以保证房屋的安全，使总体既安全又可靠。

第五节　厨卫大样图

一、厨卫大样图的概念及作用

在建筑施工平面图中，厨房、卫生间的部分由于平面图的比例一般为1∶100，不能将房间内的布局，如蹲位的大小、隔断的尺寸及位置、排气道、拖布池等有关的构件显示详细，重新按照放大的比例（如 1∶50 等）画出来的建筑图样，称为厨卫大样图。

二、厨房、卫生间的相关规范及规定

1. 厕所、盥洗室、浴室应符合的规定

① 建筑物的厕所、盥洗室、浴室不应直接布置在餐厅、食品加工、食品储存、医药、医疗、变配电等有严格卫生要求或防水、防潮要求用房的上层；除本套住宅外，住宅卫生间不应直接布置在下层的卧室、起居室、厨房和餐厅的上层。这是对建筑物的公用厕所、盥洗室、浴室及住宅卫生间作出的规定。卫生用房的地面防水层，因施工质量差而发生漏水的现象十分普遍，这些规定对于保证其使用功能和卫生条件是必要的。跃层住宅中允许将卫生间布置在本套内的卧室、起居室（厅）、厨房的上层。这类用房在设计上要求满足这些规定，以改变设计上对其处理不善或过于简陋的局面，如加强通风换气防止污气逸散、楼地面严密防水、防渗漏等基本要求。

② 卫生设备配置的数量应符合专用建筑设计规范的规定，卫生设备的配置因各类建筑使用性质不同，应按单项建筑设计规范的规定执行。公用厕所应适当增加女厕的蹲（坐）位数和建筑面积，男蹲（坐、站）位与女蹲（坐）位比例以(1∶1)～(2∶3) 为宜，商业区以 2∶3 为宜。

③ 卫生用房宜有天然采光和不与邻室对流的自然通风，无直接自然通风和严寒及寒冷地区用房宜设自然通风道；当自然通风不能满足通风换气要求时，应采用机械通风。

④ 楼地面、楼地面沟槽、管道穿楼板及楼板接墙面处应严密防水、防渗漏。

⑤ 楼地面、墙面或墙裙的面层应采用不吸水、不吸污、耐腐蚀、易清洗的材料。

⑥ 楼地面应防滑，楼地面标高宜略低于走道标高，并应有坡度坡向地漏或水沟；在有较高管理水平的情况下，可以不设高差或地漏。

⑦ 室内上下水管和浴室顶棚应防冷凝水下滴，浴室热水管应防止烫人。

⑧ 公用男女厕所宜分设前室或有遮挡措施。

⑨ 公用厕所宜设置独立的清洁间。

⑩ 厕所和浴室隔间的平面尺寸不应小于表 3-3 规定的尺寸。本条规定了厕所和浴室隔间的低限尺寸，关于浴厕隔间的平面尺寸，在各地设计实践和标准设计中，一般厕所隔间为 0.9m×1.2(1.4)m，淋浴隔间为 1.0(1.1)m×1.2m。根据选用和建立通用产品标准的原则，表 3-3 规定了隔间的平面尺寸，考虑了人的使用空间及卫生设备的安装、维护。本条同时增加了医院患者专用厕所隔间和无障碍专用厕所与浴室隔间的平面尺寸。表 3-3 中隔间尺寸以中-中尺寸计（轻质薄板），如采用较厚砌筑材料，其尺寸应适当加大。

表 3-3 厕所和浴室隔间的平面尺寸

类别	平面尺寸(宽度×深度)/m
外开门的厕所隔间	0.9×1.2
内开门的厕所隔间	0.9×1.4
医院患者专用的厕所隔间	1.1×1.4
无障碍厕所隔间	1.4×1.8(改建用 1.0×2.0)
外开门淋浴隔间	1.0×1.2
内设淋浴凳的厕所隔间	1.0×(1.0+0.6)
无障碍专用浴室隔间	盆浴(门扇向外开启)2.0×2.25 淋浴(门扇向外开启)1.5×2.35

2. 卫生设备间距应符合的规定

① 洗脸盆或盥洗槽水嘴中心与侧墙面净距不宜小于 0.55m。

② 并列洗脸盆或盥洗槽水嘴中心间距不应小于0.7m。

③ 单侧并列洗脸盆或盥洗槽外沿至对面墙的净距不应小于1.25m。

④ 双侧并列洗脸盆或盥洗槽外沿之间的净距不应小于1.8m。

⑤ 浴盆长边至对面墙面的净距不应小于0.65m。

⑥ 无障碍盆浴间短边净宽度不应小于2m。

⑦ 并列小便器的中心距离不应小于0.65m。

⑧ 单侧厕所隔间至对面墙面的净距：当采用内开门时，不应小于1.1m；当采用外开门时不应小于1.3m。双侧厕所隔间之间的净距：当采用内开门时，不应小于1.1m；当采用外开门时不应小于1.3m。

⑨ 单侧厕所隔间至对面小便器或小便槽外沿的净距：当采用内开门时，不应小于1.1m；当采用外开门时，不应小于1.3m。

3. 卫生设备间距规定依据的几个尺度

供一个人通过的宽度为0.55m；供一个人洗脸左右所需的尺寸为0.7m，前后所需的尺寸（离盆边）为0.55m；供一个人捧一只洗脸盆将两肘收紧所需的尺寸为0.7m；隔间小门宽为0.6m。

各款规定依据如下：

① 考虑靠侧墙的洗脸盆旁留有下水管的位置或靠墙活动的无障碍距离。

② 弯腰洗脸左右所需尺寸。

③ 一人弯腰洗脸，一人捧洗脸盆通过所需尺寸。

④ 两人弯腰洗脸，一人捧洗脸盆通过所需尺寸。

⑤ 门内开时两人可同时通过；门外开时，一边开门另一人通过，或两边门同时外开，均留有安全间隙；双侧内开门隔间在4.2m开间中能布置，外开门在3.9m开间中能布置。

⑥ 此外沿小便器的外边缘或小便槽踏步的外边缘，内开门时两人可同时通过，均能在3.6m开间中布置。

三、厨卫大样图的识读实例

图3-10所示为一住宅楼中厨卫大样图的例子。

此厨卫大样图表明的是4、5、7轴线和40、39、38轴线间厨房与卫生间相邻布置的情况：位于左侧的是1#卫生间，门宽为800mm，距4、40墙轴线间距为250mm，N、M上的窗宽为1200mm，在4与5轴线间居中布置，房间内进门沿5、39轴线依次布置的有洗脸盆、拖布池、坐便，对面沿4轴布置的有淋浴喷头，在4、40轴和M、N轴交角的位置是卫生间排气道，可选用图集2000YJ205的做法；位于右侧的是1#厨房，门宽为800mm，距7、38墙轴线间距为250mm，窗宽为1200mm，在5与7轴线间居中布置，房间内进门沿5、39轴线布置的有洗菜池，在N、M轴与7、38交角的位置布置煤气灶，对面沿5、39轴和M、N轴交角的位置是厨房排烟道，排烟道根据建筑层数及其功能也可选用图集2000YJ205的

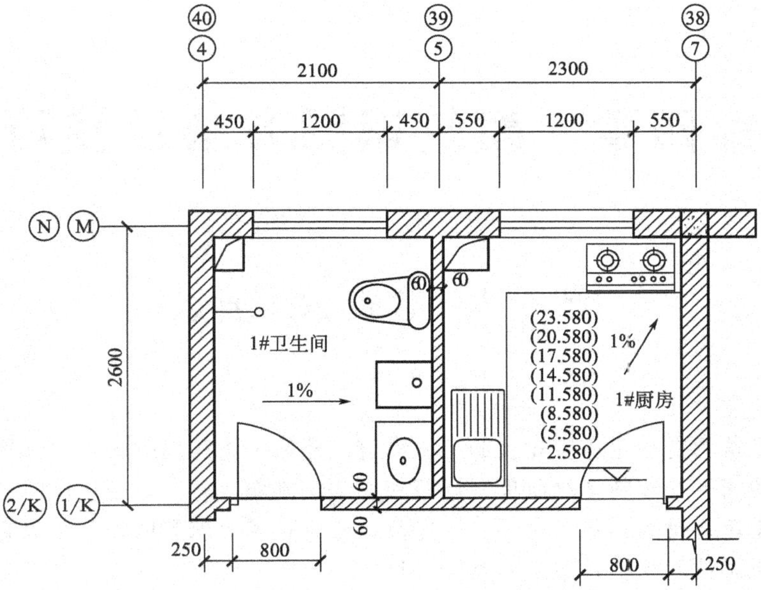

1#卫生间、厨房　1:50

图 3-10　厨卫大样图

做法。

四、要诀及释义

1. 要诀

厨卫大样多又多，安全卫生最重要；

防潮层是不能少，排气通风也需要；

卫生设备间距有规定，内开门可两个同时进；

各个规范要看到，使用人员感觉好。

2. 要诀释义

厨卫大样图是指在建筑施工平面图中，厨房、卫生间的部分由于平面图的比例一般为 1∶100，不能将它们的布局显示详细时重新按照放大的比例画出来的建筑图样。

防潮层是必不可少的，排气通风也很重要。

卫生设备之间的间距有一定的规定，卫生间中的门通常是向内开的，内开门时两人可同时通过，且均能在 3.6m 开间中布置，布置时要注意看规范。

第四章　建筑识图方法及技巧

第一节　建筑识图要点

一、要点

房屋建筑图是表达房屋建筑的工程语言。建造一座房屋时必须按照图样进行施工，而这种图样是按制图的原理、规范和方法绘制而成的。由于房屋建筑图能正确地表达房屋建筑物的形状、大小、构造及其相关技术要求等内容，所以它是表达设计意图、交流技术和指导施工的重要工具。

识图时必须掌握建筑及投影的基本知识。任何一座房屋建筑都是三维空间的立体，而图形只是二维空间的平面。房屋建筑图能把立体的房屋建筑用平面图形的形式完整、准确地表达出来。读者若能根据建筑物的平面图形想象出其立体形状，就具备了识图的基本本领，这样才能根据建筑图去理解建筑的各部分构造，从而指导施工。

识图时还应该熟悉国家规定的制图标准，了解各类图例和符号所代表的内容，掌握一些常用的建筑标准图和建筑构配件图。识图时对于图中的每一条线、每一个符号、每一条说明都应该一丝不苟地对待，因为任何细小的疏忽都可能造成在施工过程中返工或增加施工成本。

要想看懂一套房屋建筑施工图纸，不但要能看懂某一个专业本身的图纸，还应能将其他有关专业的图纸与之联系起来，同整个建筑联系起来，并能掌握局部和整体的关系，由整体到局部再由局部到整体，在脑海中形成一座建筑物的完整形状，才能正确地按图纸施工。一套完整的房屋建筑施工图一般应包括建筑、结构和设备施工图三大部分，它们之间既有专业的分工，又有相互间密切的配合。房屋建筑施工图的图样、文字应尽可能简洁、明了、完整，以使读者一目了然。

二、要诀及释义

1. 要诀

建筑识图很重要，文字图形同时到；
要想图纸学得好，基础知识要学牢；
别看一个小符号，点点滴滴要做到；
建筑结构和设备，每样齐全不可少。

2. 要诀释义

建筑识图在施工过程中非常重要，建筑图中既有文字又有图形。

要想把图纸读懂，基础方面的知识要学牢、学好。

施工过程中每一个简单符号都要考虑到。

建筑的结构和设备，在施工中样样都不能少。

第二节　建筑识图程序

工程开工之前，需识图、审图，再进行图纸会审工作。如果有识图、审图经验，掌握一些要点，则事半功倍。

识图、审图的程序是：熟悉拟建工程的功能，熟悉、审查工程的平面尺寸，熟悉、审查工程的立面尺寸，检查施工图中容易出错的部位有无出错，检查有无需要改进的地方。

一、熟悉拟建工程的功能

图纸到手后，首先了解本工程的功能是什么，是车间还是办公楼，是商场还是宿舍，了解功能之后，再联想一些基本尺寸和装修要求，如厕所地面一般会贴地砖、做块料墙裙，厕所、阳台楼地面标高一般会低几厘米；车间的尺寸一定满足生产的需要，特别是满足设备安装的需要等。最后识读建筑说明，熟悉工程装修的情况。

二、熟悉、审查工程平面尺寸

建筑工程施工平面图一般有三道尺寸，由里到外，第一道尺寸是细部尺寸，第二道尺寸是轴线间尺寸，第三道尺寸是总尺寸。检查第一道尺寸相加之和是否等于第二道尺寸，第二道尺寸相加之和是否等于第三道尺寸，并留意边轴线是否为墙中心线，识读工程平面图时，先识建施平面图，再识本层结施平面图，最后识水电空调安装、设备工艺、第二次装修施工图，检查它们是否一致。熟悉本层的平面尺寸后，审查其是否满足使用要求，如检查房间平面布置是否方便使用、采光通风是否良好等。识读下一层平面图尺寸时，检查与上一层有无不一致的地方。

三、熟悉、审查工程立面尺寸

建筑工程图一般包括正立面图、剖立面图、楼梯剖面图，这些图有工程的立面尺寸信息；在建施平面图、结施平面图上，一般也标注有本层标高；梁表中，一般有梁表面标高；基础大样图、其他细部大样图中，一般也注明标高。通过这些施工图上的标高，可掌握工程的立面尺寸。正立面图一般有三道尺寸，第一道是窗台、门窗的高度等细部尺寸，第二道是层高尺寸，并标注有标高，第三道是建筑高度尺寸。审查的方法与审查平面图各道尺寸一样，由里到外，看相应的细部尺寸相加之和是否等于总尺寸，不相等的以细部尺寸为准确定总尺寸。检查立面图各楼层的标高是否与建施平面图相同，再检查建施的标高是否与结施标高相符。建施图各楼层标高与结施图相应楼层的标高应不完全相同，因为建施图的楼地面标高是工程完工后的标高，而结施图中楼地面标高是结构面标高，不包括装修面的高度，所以同一楼层建施图的标高应比结施图的标高高几厘米。这一点需特别注意，因有些施工图，把建施图标高标在了相应的结施图上，如果不留意，施工过程中会出错。

熟悉立面图后，主要检查门窗顶标高是否与其上一层的梁底标高相一致；检查楼梯踏步的水平尺寸和标高是否有错，检查梯梁下竖向净空尺寸是否大于 2m，是否会出现碰头的现象；当中间层出现露台时，检查露台标高是否比室内低；检查厕所、浴室楼地面是否低几厘米，若不是，需检查有无防溢水措施；最后与水电空调安装、设备工艺、第二次装修施工图相结合，检查建筑高度是否满足功能的需要。

四、检查施工图中容易出错的地方有无出错

熟悉建筑工程尺寸后，再检查施工图中容易出错的地方有无出错，主要检查内容如下。

① 检查女儿墙混凝土压顶的坡向是否朝内。

② 检查砖墙下是否有梁。

③ 结构平面图中的梁的钢筋表中是否全标出了配筋情况。

④ 检查主梁的高度有无低于次梁高度的情况。

⑤ 梁、板、柱在跨度相同、相近时，有无配筋相差较大的地方，若有，需验算。

⑥ 当梁与剪力墙同一直线布置时，检查有无梁的宽度超过墙的厚度。

⑦ 当梁分别支承在剪力墙和柱边时，检查梁中心线是否与轴线平行或重合，检查梁宽有无凸出墙或柱外，若有，应提交设计者处理。

⑧ 检查梁的受力钢筋最小间距是否满足施工验收规范的要求，当工程上采用带肋的螺纹钢筋时，由于工人在钢筋加工过程中，用无肋面进行弯曲，所以钢筋直径取值应为原钢筋直径加上约 21mm 肋厚。

⑨ 检查室内出露台的门上是否设计有雨篷，检查结构平面上雨篷中心是否与建施图上门的中心线重合。

⑩ 检查设计要求与施工验收规范有无不同，如柱表中常说明“柱筋每侧少于 4 根可在同一截面搭接”，但施工验收规范要求同一截面钢筋搭接面积不得超过 50％。

⑪ 检查结构说明与结构平面图、大样图、梁柱表中内容以及与建施说明有无相矛盾之处。

⑫ 单独基础系双向受力，沿短边方向的受力钢筋一般置于长边受力钢筋的上

面，检查施工图的基础大样图中的钢筋是否画错。

五、审查原施工图有无可改进的地方

审查建筑施工图时主要从有利于该工程的施工、有利于保证建筑质量、有利于工程美观三个方面对原施工图提出改进意见。

1. 从有利于工程施工的角度提出改进施工图的意见

① 结构平面图上会出现连续框架梁相邻跨度较大的情况，当中间支座负弯矩筋分开锚固时，会造成梁柱接头处的钢筋太密，捣混凝土困难，可向设计人员建议负筋能连通的尽量连通。

② 当支座负筋为通长时，就会造成跨度小梁宽较小的梁面钢筋太密，无法捣混凝土，可建议在保证梁负筋的前提下，尽量保持各跨梁宽一致，只对梁高进行调整，以便面筋连通和浇捣混凝土。

③ 当结构造型复杂，某一部位结构施工难以一次完成时，向设计提出混凝土施工缝如何留置的建议。

④ 露台面标高降低后，若露台中间有梁，且此梁与室内相通，梁受力筋在降低处是弯折还是分开锚固，请设计者处理。

2. 从有利于建筑工程质量方面提出修改施工图的意见。

① 当设计天花抹灰与墙面抹灰同为 1∶1∶6 混合砂浆时，可建议将天花抹灰改为 1∶1∶4 混合砂浆，以增加其黏结力。

② 当施工图上对电梯井坑、卫生间沉池、消防水池未注明防水施工要求时，可建议在坑外壁、沉池水池内壁增加水泥砂浆防水层，以提高防水质量。

3. 从有利于建筑美观方面提出改善施工图的意见

① 若出现露台的女儿墙与外窗相接时，检查女儿墙的高度是否高过窗台，若是，则相接处不美观，建议设计者处理。

② 检查外墙饰面分色线是否连通，若不连通，建议到阴角处收口；当外墙与内墙无明显分界线时，询问设计者，将墙装饰延伸到内墙何处收口最为美观，外墙凸出部位的顶面和底面是否同外墙一样装饰。

③ 当柱截面尺寸随楼层的升高而逐步减小时，若柱凸出外墙成为立面装饰线条时，为使该线条上下宽窄一致，建议不缩小凸出部位的柱载面。

④ 当柱布置在建筑平面砖墙的转角位，而砖墙转角小于 90°时，若结构设计仍采用方形柱，可建议根据建筑平面图将方形柱改为多边形柱，以免柱角凸出墙外，影响使用和美观。

⑤ 当电梯大堂（前室）左边有一框架柱凸出墙面 10～20cm 时，检查右边柱是否凸出相同的尺寸，若不是，建议修改成左右对称。

按照“熟悉拟建工程的功能，熟悉、审查工程平面尺寸，熟悉、审查工程的立面尺寸，检查施工图中容易出错的部位有无出错、检查有无需改进的地方”的程序和思路，有计划、全面地展开识图、审图工作。

六、要诀及释义

1. 要诀

工程开工前序多，识图审图再会审；
样样都要很认真，粗略了解其功能；
细部了解到尺寸，各个尺寸都要清；
为了工程安全牢，各个人员须认真。

2. 要诀释义

工程开工前，需识图、审图，再进行图纸的会审工作。

每一个程序都要认真地做到，首先要了解其大致的功能。

建筑工程平面图一般有三道尺寸，由里到外，第一道尺寸是细部尺寸，第二道尺寸是轴线间尺寸，第三道尺寸是总尺寸。

每个人对工程的安全都必须认真负责。

第三节　建筑施工图的审查

一、建筑施工图审查的概念

施工图审查是指建设主管部门认定的施工图审查机构（以下简称审查机构）按照有关法律、法规，对施工图牵涉到的公共利益、公众安全和工程建设强制性标准的内容进行的审查。施工图未经审查合格的，不得使用。

二、建筑施工图审查所存在的意义

施工图设计文件审查的目的是为了加强对房屋建筑工程、市政基础设施工程的图纸设计进一步审核，尽量避免因违反规范或人们生活习惯而造成的错误。

三、建筑施工图审查主要的工作内容

建设单位报请施工图技术性审查的资料应包括以下主要内容。

① 作为设计依据的政府有关部门的批准文件及其附件。

② 审查合格的岩土工程勘察文件（详勘）。

③ 全套施工图（含计算书并注明计算软件的名称及其版本）。

④ 审查需要提供的其他资料。

四、施工图技术性审查

施工图技术性审查应包括以下主要内容。

① 是否符合《工程建设标准强制性条文》和其他有关工程建设强制性标准。

② 地基基础和结构设计等是否安全。

③ 是否符合公众利益。

④ 施工图是否达到规定的设计深度要求。

⑤ 是否符合作为设计依据的政府有关部门的批准文件要求。

第五章　建筑工程常用指标、术语及标准

第一节　建筑工程常用指标及名称

一、建筑工程常用指标及名称

1. 建筑红线

建筑红线是由道路红线和建筑控制线组成的。道路红线是城市道路（含居住区级道路）用地的规划控制线，建筑控制线是建筑物基底位置的控制线，在基底与道路邻近一侧，一般以道路红线为建筑控制线，如果城市规划需要，主管部门可在道路红线以外另定建筑控制线，一般称之为后退道路红线建造。任何建筑都不得超越给定的建筑红线。《民用建筑设计通则》规定：建筑物的台阶、平台、窗井、地下建筑及建筑基础，除基底内连通城市管线以外的其他地下管线不允许凸出道路红线。

2. 地形图

地形图是按着一定的投影方法、比例和专用符号把地面上的地形和地物通过测量绘制而成的图形，是规划和总平面设计的一项重要资料依据。地形图上的比例尺是地面上一段长度与图上相应一段长度之比。例如地形图比例尺是 1∶1000，就是地面上 1000m 的长度反映在图上的长度是 1m。根据不同用途的需要，地形图的比例尺可以不同。地理位置地形图比例尺为 1∶25000 或 1∶50000；区域位置地形图比例尺为 1∶5000 或 1∶10000，等高线间距为 1～5m；厂址地形图比例尺寸为 1∶500、1∶1000 或 1∶2000，等高线间距为 0.25～1m；厂外工程地形图，如厂外铁路、道路、供水排水管线、热力管线、输电线路、原料成品输送廊道等带状地形图比例尺为（1∶500)～(1∶2000)。地形图上的方向用指北针表示，在指北针箭头处注上“北”或“N”字样。一般情况下地形图的上部为北向，下部为南向，即上北下南。

3. 体型系数

体型系数是建筑物外露部分所有面的面积（即外表面积）总和除以该建筑物的体积所得的数值。为了减少建筑物外墙围护结构临空面的面积大而造成的热能损失，节能建筑标准中对建筑物的体型系数进行了限定，限定不同地区的住宅体型系

数应在规定值以内。建筑的耗能量随着体型系数加大而增加，体型系数小，建筑物节能效果好。为了减少建筑物的体型系数，在设计中可以采用以下几点措施：建筑平面布局紧凑，减少外墙的凸凹变化，即减少外墙面的长度；加大建筑物的栋深；加大建筑物的层数；加大建筑物的体量。

4. 建设用地面积

建设用地面积是经城市规划行政主管部门划定的建设用地范围内的土地面积，单位为 m^2。

5. 建筑面积

建筑面积是指建筑物外墙或结构外围水平投影面积，单位为 m^2。

6. 建筑物基底面积

建筑物基底面积是指建筑物接触地面的自然层建筑外墙或结构外围的水平投影面积，单位为 m^2。

7. 使用面积

使用面积包括墙体结构面积在内的直接为办公、生产、经营或生活使用的面积和辅助用房的厨房、厕所或卫生间以及壁柜、户内过道、户内楼梯、阳台、地下室、附层（夹层）、2.2m 以上的阁楼等面积，如墙体属两户共有（即共墙），其所属面积由两户平均分摊，单位为 m^2。

8. 使用面积系数

使用面积系数一般作为住宅建筑设计的一项技术经济指标，它等于总套内使用面积（m^2）除以总建筑面积（m^2）再乘以百分之百，用百分数表示。使用面积系数越大，说明建筑的公共交通及结构面积越小，也就说明建筑的使用面积越大，建筑的经济性越好。由于建筑的类型不同，建筑方案、建筑层数不同，其使用面积系数也不一样。建筑的结构及墙体材料不同，也会影响建筑使用面积的多少。在评价建筑的经济指标时，不能单纯看使用面积系数的大小而决定其是否经济，应根据建筑方案的具体情况，全面考虑衡量建筑的经济性。

9. 公用建筑面积

公共建筑面积是指建筑物内可供公共使用的面积，包括应分摊公用建筑面积和不分摊公用建筑面积，单位为 m^2。

10. 公共面积

公共面积是指建筑物主体内，户型以外使用的面积，包括层高超过 2.2m 的设备层或技术层、室内外楼梯、楼梯悬挑平台、内外廊、门厅、电梯及机房、门斗、有柱雨篷、凸出层面的围护结构的楼梯间、水箱间、电梯机房等的面积，公共面积的产权应属建筑物内参与分摊该公共面积的所有业主共同拥有，由物业管理部门统一管理，单位为 m^2。

11. 公共面积分摊

每户（或单位）应分摊的公共面积按如下原则进行计算。

① 有面积分割文件或协议的，应按其文件或协议进行计算。

② 无面积分割文件或协议的，按其使用面积的比例进行分摊，即：每户应分摊的公共面积＝应分摊公共面积×每户使用面积/各户使用面积之和。

12. 使用率

使用率是指房屋使用面积（含墙体）与建筑面积之比，以百分数表示。

13. 容积率

容积率是指建筑用地范围内的总建筑面积与地块面积之比，以百分数表示。

14. 三通一平

三通一平是指土地在发展基础上达到通水、通电、通路、场地平整的标准。

15. 七通一平

七通一平是指上水通、下水通、路通、电信通、煤气通、电通、热力通、场地平整。

16. 建筑覆盖率（建筑密度、建筑系数）

建筑覆盖率是指建设用地范围内所有建筑物基底面积之和与建设用地面积的比率，以百分数表示。

17. 绿地率

绿地率是指建设用地范围内各类绿地面积之和与建设用地面积的比率，以百分数表示。

绿地面积的计算不包括屋顶、天台和垂直绿化面积。

18. 绿化覆盖率

绿化覆盖率是指建设用地范围内全部绿化种植物的水平投影面积之和与建设用地面积的比率，以百分数表示。

19. 住宅

住宅是供家庭居住使用的建筑物。住宅应按套型设计，每套必须是独门独户，并应设有卧室、起居室、厨房、卫生间及储藏空间等。

20. 公寓

公寓是指供短期居住而带有小型厨房、厕所的建筑物。公寓具有以下规定。

① 公寓在城市规划中一般不考虑配置中、小学校等配套设施。

② 根据人口构成的特点而设置的周转房应按公寓的要求设置。

③ 根据公寓的使用要求，每套公寓的建设面积一般在下列范围内：多层 $45m^2$；中高层 $50m^2$；高层 $55m^2$。

④ 公寓应充分考虑社会化服务的要求。酒店式公寓就是按酒店模式管理的公寓。

21. 夹层

夹层是指在一个楼层内，局部增设的楼层。

22. 裙房

裙房是指与高层建筑相连的附属建筑，高度不超过 24m。

23. 标准层

标准层是指建筑物内主要使用功能平面布置相同的各楼层。

24. 设备层

设备层是指专用于布置机电设备等的楼层。

25. 结构转换层

建筑物某楼层的上部与下部因平面使用功能不同，该楼层上部与下部采用不同结构类型，并通过该楼层进行结构转换，则该楼层称为结构转换层。

26. 建筑高度

建筑高度是指自建筑物散水外缘处的室外地坪至建筑物最高部分的垂直高度，单位为 m。

27. 坡屋顶建筑高度

当坡层顶建筑物的屋面坡度超过 45°（含 45°）时，建筑高度自基底室外地坪至坡屋顶的 1/2 为止；当小于 45°时，建筑高度自基底室外地坪至坡屋顶最高处，单位为 m。

28. 建筑物内各层的层数排列

① 室内设计标高为正负零处的楼层，按排列称为一层（建筑设计文件中应按楼层顺序标注建筑层数，不得将一层标注为首层或底层），第一层楼板以上的楼层称为二层，按此规则类推至建筑的最高层数。层高不大于 2.2m 时不计层数。

② 室内设计标高正负零下面的一层，按排列称为地下一层，地下一层楼板以下的楼层称为地下二层，按此规则类推建筑物地下室的最低层数。

29. 电梯

电梯是利用电力的垂直运载设备，是高层住宅和公共建筑中不可缺少的竖向运载设备，它的指标主要以电梯数量（台）、容量（人）和速度（m/s）来表示。

30. 智能化住宅

在现代化的城乡住宅小区内综合采用目前国际上最先进的 4C 技术（即计算机、自动控制、通信与网络和智慧卡），建立一个由小区综合信息服务和物业管理中心、通信接入网与家庭智能化系统组成的“三位一体”的小区服务与管理集成系统——Intelligent Home Service/Management System。智能小区的智能化最终端体现在小区内独立家庭运用多元信息技术（IT），并达到监控与信息交互的程度（或能力）。由此可知，智能化小区主要由三个组成部分，即提供多元信息服务和公共物业管理的中心，提供多元信息传输的网络（小区接入网），以及提供家庭安全、自动化和通信的智能化系统。通过该系统，不仅极大地提高了小区居民的生活质量，还进一步加强了小区规范化的物业管理。

二、要诀及释义

1. 要诀

要想识图学得好，建筑术语少不了；
如果你有啥需要，查查术语就知道；
它的技术就是高，别人想比比不了。

2. 要诀释义

要想把识图知识学好，一些建筑术语很重要，并且是必不可少的。如果对某些知识不明白，查查建筑术语可以帮你解决很多难题。

第二节　建筑工程常用术语

一、建筑工程常用术语

1. 工程结构（building and civil engineering structures）

房屋建筑和土木工程的建筑物、构筑物及其相关组成部分的总称。

2. 工程结构设计（design of building and civil engineering structures）

在工程结构的可靠与经济、适用与美观之间，选择一种最佳的合理的平衡，使所建造的结构能满足各种预定功能要求。

3. 房屋建筑工程（building engineering）

一般称建筑工程，为新建、改建或扩建房屋建筑物和附属构筑物所进行的勘察、规划、设计、施工、安装和维护等各项技术工作和完成的工程实体。

4. 土木工程（civil engineering）

除房屋建筑外，为新建、改建或扩建各类工程的建筑物、构筑物和相关配套设施等所进行的勘察、规划、设计、施工、安装和维护等各项技术工作和完成的工程实体。

5. 公路工程（highway engineering）

为新建或改建各级公路和相关配套设施等而进行的勘察、规划、设计、施工、安装和维护等各项技术工作和完成的工程实体。

6. 铁路工程（railway engineering）

为新建或改建铁路和相关配套设施等所进行的勘察、规划、设计、施工、安装和维护等各项技术工作和完成的工程实体。

7. 港口与航道工程［port(harbour) and waterway engineering］

为新建或改建港口与航道和相关配套设施等所进行的勘察、规划、设计、施工、安装和维护等各项技术工作和完成的工程实体。

8. 水利工程（hydraulic engineering）

为修建治理水患、开发利用水资源的各项建筑物、构筑物和相关配套设施等所进行的勘察、规划、设计、施工、安装和维护等各项技术工作和完成的工程实体。

9. 水力发电工程（水电工程）(hydraulic and hydroelectric engineering)

以利用水能发电为主要任务的工程。

10. 建筑物（构筑物）(construction works)

房屋建筑或土木工程中的单项工程实体。

11. 结构（structure）

广义地指房屋建筑和土木工程的建筑物、构筑物及其相关组成部分的实体，狭义地指各种工程实体的承重骨架。

12. 基础（foundation）

将建筑物、构筑物以及各种设施的上部结构所承受的各种作用和自重传递到地基的结构组成部分。

13. 地基（foundation soil；subgrade；subbase；ground）

支承由基础传递或直接由上部结构传递的各种作用的土体或岩体，未经加工处理的称为天然地基。

14. 木结构（timber structure）

以木材为主制作的结构。

15. 砌体结构（masonry structure）

以砌体为主制作的结构。它包括砖结构、石结构和其他材料的砌块结构，有无筋砌体结构和配筋砌体结构之分。

16. 钢结构（steel structure）

以钢材为主制作的结构，其中由带钢或钢板经冷加工形成的型材所制作的结构称冷弯薄壁型钢结构。

17. 混凝土结构（concrete structure）

以混凝土为主制作的结构，包括素混凝土结构、钢筋混凝土结构和预应力混凝土结构等。

18. 特种工程结构（special engineering structure）

具有特种用途的建筑物、构筑物，如高耸结构，包括塔、烟囱、桅、海洋平台、容器、构架等各种结构。

19. 房屋建筑（building）

在固定地点，为使用者或占用物提供庇护覆盖进行生活、生产或其他活动的实体。

20. 工业建筑（industrial building）

提供生产用的各种建筑物，如车间、厂前区建筑、生活间、动力站、库房和运输设施等。

21. 民用建筑（civil building；civil architecture）

非生产性的居住建筑和公共建筑，如住宅、办公楼、幼儿园、学校、食堂、影剧院、商店、体育馆、旅馆、医院、展览馆等。

22. 公路（highway）

联结城市和乡村，主要供汽车或其他车辆行驶并具备一定技术标准和设施的道路。

23. 公路网（highway network）

一定区域内相互联络、交织成网状分布的公路系统。

24. 高速公路（freeway）

具有四条或四条以上车道，设有中央分隔带，并具有完善的交通安全设施、管理设施和服务设施，为全立交、全封闭，专供汽车高速行驶的公路。

25. 干线公路（arterial highway）

在公路网中起骨干作用的公路，分国家干线（国道）、省干线（省道）。

26. 支线公路（feeder highway）

在公路网中起连接作用的一般公路，即县（县道）和乡（乡道）等公路。

27. 铁路（铁道）（railway；railroad）

用机车牵引运货或运旅客的车厢组成列车，在一定轨距的轨道上行驶的交通运输线路。

28. 标准轨距铁路（standard gauge railway）

在直线地段，轨距为 1435mm 的铁路。

29. 宽轨距铁路（broad gauge railway）

在直线地段，轨距大于 1435mm 的铁路。

30. 窄轨距铁路（narrow gauge railway）

在直线地段，轨距小于 1435mm 的铁路。

31. 铁路枢纽（railway terminal）

在铁路网点或网端，由几个协同作业的车站、引入线路和联络线路组成的综合体。

32. 铁路车站（railway station）

设有各种用途的线路，并办理列车通过、到发、列车技术作业及客货运业务的分界点。

33. 港口（port；harbour）

具有水陆联运条件和设施，供船舶安全进出和停泊以进行货物装卸作业或上下旅客以及军事用的交通运输枢纽。

34. 港口水工建筑物（marine structure）

供港口正常生产作业的临水或水中建筑物。

35. 通航（过船）建筑物（navigation structure；navigation construction）

在拦河闸、坝或急流卡口等所形成的水位集中落差处，为使船舶或排筏安全顺利地航驶而修建的水工建筑物。

36. 灯塔（light house）

在海洋、江河和湖泊航线中，指引船舶安全行驶、识别方位并设有发光的塔形建筑物。

37. 水利（water conservancy）

为控制或调整天然水在空间和时间上的分布，防治洪水和旱涝灾害，合理开发和利用水资源而进行的活动，如治河防洪，灌溉排水，水土保持，水力发电，内河航运与生活、工业、环境供水以及跨流域调水等。

38. 水利枢纽（multipurpose hydraulic project；key water-control project；hydro-junction）

为治理水患和开发利用水资源，在各种水域的一定范围内修建的若干座作用不同而相互配合的水工建筑物组成的综合体。

39. 水库（reservoir）

为治理河流和开发水资源，在狭谷或丘陵地带河流上建挡水坝，利用天然地形构成的蓄水设施。

40. 水工建筑物（hydraulic structure；marine structure；maritime construction）

为水利、水力发电、港口与航道等工程修建的承受水作用的各种建筑物总称。

二、要诀及释义

1. 要诀

常用术语有很多，译成英语是最好；
从中文到英文说，从建筑到公路做；
样样都由它来做，请你认真仔细看；
学到知识很重要，术语一定不能少。

2. 要诀释义

常用的术语有很多，现在有很多都被译成了英语，英语是现在比较普遍使用的语言，这样会方便更多的读者来了解和熟悉，现在学知识很重要，术语一定不能少。

第三节　建筑设计常用标准

一、阳台

阳台的栏杆高度在多层建筑中不应低于1000mm，在高层建筑中，则不应低于1100mm。一般高层建筑尽量不设阳台或将阳台封闭，这涉及大风、大雨以及坠物伤人等很多问题。在住宅设计中，多层住宅的栏板高一般设为1050mm。如果阳台栏板设得低，则必须安装防护栏。

二、女儿墙

一般多层建筑的女儿墙高 0.5～1.2m，但高层建筑则至少为 1.2m，通常高过胸肩甚至高过头部，达 1.5～1.8m。这是避免俯瞰时心悸目眩，发生危险而采取的措施。如果要使平顶上视野开阔，可在 1.0m 实墙以上加做金属网栏，以保安全。应该注意的是在标定女儿墙高度时，要扣除隔热保温层及泄水坡升高的构造高度，在高层建筑中，这个厚度往往达 0.3m 以上。

一些高层建筑，由于设有裙房，将冷却塔设在屋顶上，或者有屋顶网球场之类的设施，把女儿墙做得高过 3.0m，也是一种办法。

三、楼梯

楼梯涉及的尺寸数据很多，除大家熟知的踏步的踏面宽、踢面高的尺寸之外，梯段的宽度、休息平台的宽度、平台下线的净高等也都在规范上有明确规定。容易被忽视的是如下几点。

① 楼梯扶手的高度（自踏步前缘线量起）不宜小于 0.9m；室外楼梯扶手高不应小于 1.05m。

② 楼梯井宽度不应大于 0.2m 时，扶手栏杆的垂直杆件净距不应大于 0.11m，以防儿童坠落。

③ 楼梯平台净宽除不应小于梯段宽度外，同时不得小于 1.1m。

④ 梯段宽度在住宅设计规范中有明确规定，在其他建筑中，必须满足消防疏散的要求。公共建筑中表现性楼梯所取宽度尺寸通常都偏大，要注意扶手的设置与梯段宽度的关系，即：楼梯应至少在一侧设扶手，梯段净宽达三股人流时，应在两侧设扶手，达四股人流时，应加设中间扶手。

这里提出两个经常要注意的问题：一是室内外台阶踏步宽度不宜小于 0.3m，踏步高度不宜大于 0.15m，通常采用 0.35m 和 0.125m 这两个参数，特别要注意的是不允许只设一级踏步，至少要两级，这是因为踏步上下地面的高度相差过小时，行人不易辨别该处有高差，缺乏准备，容易跨出虚步而伤及脚腿；二是当利用旋转楼梯作疏散梯时，必须满足踏步在距内圈扶手或筒壁 0.25m 处，其踏面宽不应小于 0.22m 的要求，这点在防火规范上有明确的规定。

四、电梯、自动扶梯

涉及电梯数据最多的是井道、轿厢、机房、地坑、顶层端站高度等，因其规格型号、生产厂家不同而尺寸各异，应根据厂家提供的电梯的土建安装图决定，但有关候梯厅的深度，还是有一个限定的，以免过小。简单说，住宅电梯的候梯厅深度应不小于电梯中最大一台的轿厢深度，公共建筑中乘客电梯则不小于电梯中最大一台的轿厢深度的 1.5 倍，多台并列时还不应小于 2.4m，多台对列时，不应小于对列电梯轿厢深度之和，也不宜大于 4.5m。病床电梯的规定与乘客电梯相似。

此外，通向机房的通道、楼梯和门的宽度不应小于 1.2m，楼梯的坡度不应大于45°以便设备的通过和人员的通行。

近年来，自动扶梯在百货商场、文化娱乐场所以及其他公共活动场所使用日渐普遍，在建筑设计中，除与生产厂家密切配合外，下列数据应该掌握。

① 梯级宽：目前有0.6m、0.8m、1.0m三种，视生产厂家不同，其宽度略有出入。

② 倾角：一般有30°和35°两种。

③ 梯井宽度：单梯为梯宽+0.6m+2×0.4m，双梯为2×(梯宽+0.6m)+2×0.4m，其中0.4m为梯侧至井道的安全距离。

④ 梯井长：层高/tanα+(2.0～2.9m)+(2.0～2.3m)，α为梯段倾角。

五、过道

1. 过道宽度

最窄的走道应该是住宅中通往辅助房间的过道，按GBJ96—86《住宅建筑设计规范》的规定，其净宽不应小于0.8m，这是单行线，一般只允许一个人通过。规范规定住宅中通往卧室、起居室的过道净宽不宜小于1.0m的宽度，也只是一人正行，另一人侧身相让的尺寸。这个尺寸用“不宜小于”是考虑到砖混建筑中，0.24m墙，1.2m中距的过道，净空只有0.96m，不足1.0m。

高层住宅的外走道和公共建筑的过道的净宽，一般都大于1.2m，以满足两人并行的宽度。通常其两侧墙中距为1.5～2.4m，再宽则是兼有其他功能的过道，如课间活动、候诊等。至于大型公共建筑人流如潮的过道，要根据使用性质和疏散要求来确定它的宽度。还需要补充说明的是，过道的长短、是否采光等因素对过道的宽度起到相当的影响作用，一般长的、暗的、双侧有房间或墙壁的过道，要适当宽一些或采取变换宽窄的手法加以处理，避免又长、又黑、又闷、又窄的过道，但也不能无原则地加宽，白白浪费建筑面积。

2. 过道高度

过道的净高原本随建筑层高而定，设计中通常未予专门考虑。当今建筑设备的要求较前多了，风管、水管、电气、消防各种管线利用走道上部空间作为“通廊”，过道除了供通行之外往往成为管线的载体，于是过道净高的问题经常出现在设计者面前。把过道的总高分成下面四个部分：结构高度；设备管线高度，一般在0.6m左右，视风管的截面、布置方式以及冷凝水管、自动喷淋水管的安排而定；平顶的构造高度，一般0.05m即可；净高，这是设计者要认真把握的尺寸，它是决定层高的重要因素之一，按常规，这个净高度应在2.2m以上为妥，特别是当平顶上还有下垂的烟感探头、喷淋水喉时，为避免人手触摸，这个高度要高于普通人摸高2.15m，现今有时会遇到为了尽量减小层高，将走道净高压缩到2.1m的情形，这是最小的高度了，这么低的吊顶，其质地必须十分精细，否则会有压抑感，过长走道遇此情况，还要从平面上加以宽窄相间的变化处理，以免既压头又单调。

六、窗户

1. 窗户的高度

一般住宅建筑中，窗的高度为 1.5m，加上窗台高 0.9m，则窗顶距本层楼面 2.4m，距上层楼面还留有一0.6m 的结构高度。在公共建筑中，窗台高度由 1.0～1.8m 不等，开向公共走道的窗扇，其底面高度不应低于 2.0m。窗的高度则根据采光、通风、空间形象等要求来决定，但要注意过高窗户的刚度问题，必要时要加设横梁或“拼樘”。此外，窗台高低于 0.8m 时，应采取安全防护措施。

现代玻璃幕墙中，整块玻璃的高度有的已超过 7.2m，那已不属于一般窗户的范围了。

2. 窗户的宽度

窗宽一般由 0.6m 开始，宽到构成“带形窗”，但要注意采用通宽的带形窗时，左右隔壁房间的隔声问题以及推拉窗扇的滑动范围问题，也要注意全开间的窗宽会造成横墙面上的炫光，这对教室、展览室都是不合适的。

七、门

1. 门高

供人通行的门，高度一般不低于 2m，再高也不宜超过 2.4m，否则有空洞感，门扇制作也需特别加强。如造型、通风、采光需要时，可在门上加腰窗，其高度从 0.4m 起，但也不宜过高。供车辆或设备通过的门，要根据具体情况而定，其高度宜较车辆或设备高出 0.3～0.5m，以免车辆因颠簸或设备需要垫滚筒搬运时碰撞门框。至于各类车辆通行的净空要求，要查阅相应的规范。

如果是体育场馆、展览厅堂之类的大体量、大空间的建筑物，在需要设置超尺度的门时，可在大门扇上加设常规尺寸的附门，供大门不需开启时，人们也可以通行。

2. 门宽

一般住宅进户门宽 0.9～1m，分室门宽 0.8～0.9m，厨房门宽 0.8m 左右，卫生间门宽 0.7～0.8m，由于考虑现代家具的搬入问题，现在多取其上限尺寸。

公共建筑的一般单扇门宽 1m，双扇门宽 1.2～1.8m，再宽就要考虑门扇的制作，双扇门或多扇门的门扇宽以 0.6～1.0m 为宜。

供安全疏散的太平门的宽度，要根据计算和规范（有关防火规范）的规定设置。

供检修管道的门，宽度一般为 0.6m。

供机动车或设备通过的门，除其自身宽度外，每边也需留出 0.3～0.5m 的空隙。

供检修的人孔尺寸不宜小于 0.6m×0.6m。

现今建筑内各种设备管井的检查门颇多，它不是经常通过的地方，所以一般上框高与普通门齐或低一些，下边留有与踢脚线同高的门槛，其净高就不必拘泥于

2m，1.5m左右即可。

八、空间尺度

建筑所形成的空间为人所用，建筑内的器物为人所用，因而人体各部的尺寸及其各类行为活动所需的空间尺寸，是决定建筑开间、进深、层高、器物大小的最基本的尺度。各类图书、手册均有详细的描述，作为一名建筑师，可以参阅这类资料，但有些是必须牢记的，时刻需要调出来使用的，如人体的平均高度、宽度、蹲高、坐高、弯腰、举手、携带行李、牵带小孩以至于残疾人拄手拐、坐轮椅所需的活动空间尺寸等。基本的尺寸数据一般应熟记，因为由此影响了家具、器物以及各种通道、房间的大小尺寸的确定。在进行建筑设计时，除了那些因为宗教、政治以及艺术的原因需要夸张、夸大的尺度外，都不会离开以人体尺度为本来决定建筑尺寸的原则。

家具的尺度也是决定建筑空间的重要因素，如床铺、书桌、餐桌、凳、椅、沙发、柜橱这些基本家具的尺寸，都是必须熟记的。重要的是家具要与人的活动配合起来，留出人使用家具和搬运家具时所需的空间。

由上可知，人体、家具、活动空间构成了建筑设计尺度的基础，换句话说，也就是构成了建筑的基本空间，道理虽不深奥，但对建筑设计者来说，却十分重要。

九、要诀及释义

1. 要诀

常用标准很重要，看了之后要记牢；
无论施工或管理，有了它就轻松多；
按照标准来施工，质量安全有保障。

2. 要诀释义

常用的标准很重要，看了以后要记住，因为在以后的施工中会经常用到。无论是施工还是管理，有了它就很轻松了。按照规范进行施工，工程的质量和安全就有了保障，人们居住和工作时才更安心、更放心。